Sesam, öffne dich!

Entdecker sein, wo kann man das heutzutage noch? Hat doch die Globalisierung die Welt längst zum Dorf werden lassen. Nur das Königreich Saudi-Arabien blieb für Nichtmuslime lange Zeit verschlossen. Seit Ende 2019 sind nun die Türen entriegelt, Touristenvisa digital schnell beantragt. Denn heute ist den Saudis nichts wichtiger, als ihre eigene Attraktivität und Sichtbarkeit in einer globalisierten Welt zu stärken. Der junge Kronprinz Mohammed bin Salman al-Saud hat dem Land mit seinem Programm »Vision 2030« eine rasche Modernisierung verordnet. Besonders bei jungen Leuten kommt das gut an, sind doch mehr als die Hälfte der Saudis jünger als 30 Jahre und viele dank Auslandsstudium bestens ausgebildet.

ENTDECKER GESUCHT

Im Land herrscht Aufbruchsstimmung. Durch den gesellschaftlichen Wandel sind plötzlich Dinge möglich, die aus religiösen Gründen vor wenigen Jahren noch verboten waren: ins Kino oder zu Open-Air-Konzerten gehen, Frauen ohne Schleier, die nun Auto fahren und alleine verreisen dürfen. Was erlaubt ist und was nicht, darüber sind sich manche Saudis oft noch unsicher. Einerseits ist da ein nach wie vor streng monarchisches System, andererseits haben die Menschen urplötzlich neue Freiheiten und die Chance auf eine bessere Zukunft. Das als Besucher aus der Nähe zu erleben, ist spannend und bereichernd. Was gibt es in diesem noch so unbekannten Land zu entdecken? Finden Sie es einfach selbst heraus!

Ihre Margit Kohl
Autorin

Die Reisejournalistin Margit Kohl schätzt die Wüste als einen Ort der Stille. Einheimische, das zeigte sich bei ihren Recherchen, fahren lieber mit dem SUV ins Wüstencamp, um dort Spaß und Unterhaltung zu finden.

Tom Schulze war zweimal im Land unterwegs, insgesamt acht Wochen, mehr als 10 000 Kilometer mit dem Auto. Am meisten beeindruckte ihn die herzliche Gastfreundschaft, die ihm entgegengebracht wurde.

Mit seinen modernen Hochhausvierteln ist Riad eine Metropole im steten Wandel.

Raus aus der großen Stadt – und ab in die Wüste!

Nach Landessitte aufgetischt: Der Teller des Gastes muss stets gut gefüllt sein!

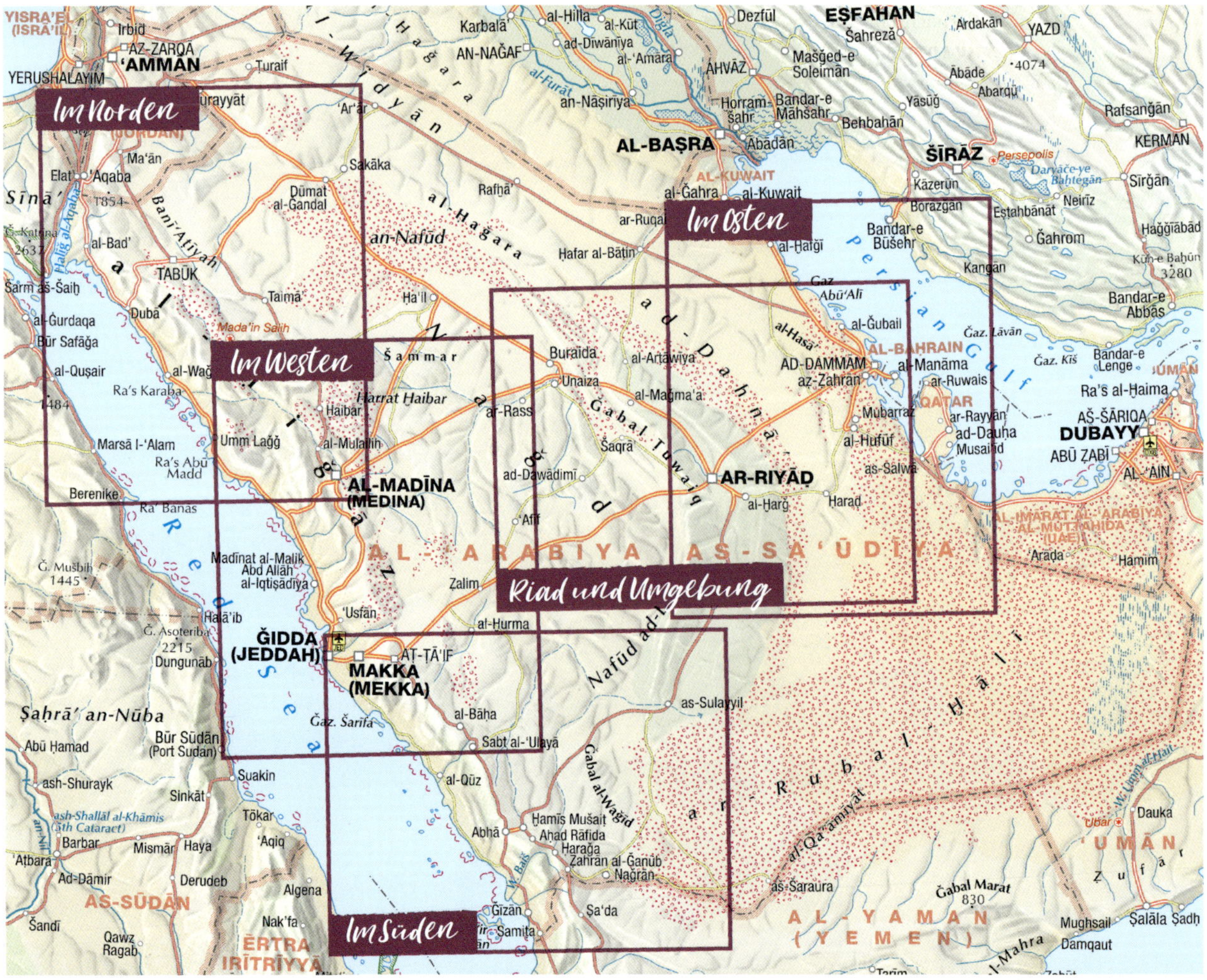

Das Beste erleben

Berührend, aufregend und spannend ... sind unsere Ideen, die wir für Ihren Aufenthalt in Saudi-Arabien zusammengetragen haben.

Traditionelle Kunst und Kultur

* 1 *

FELSENGRÄBER IM ANTIKEN HEGRA

Nabatäer schlugen kunstvolle Portale in Felsen. Sie sehen aus, als habe jemand das Muster eines Siegelstempels tief in weiches Wachs gedrückt.
Seite 65

* 2 *

LEHMARCHITEKTUR IN DIRIYAH

Die erste Hauptstadt der Saudis und ursprüngliche Heimat der Königsfamilie am Rande Riads ist ein Wunderland aus Lehmpalästen.
Seite 33

* 3 *

ROSHAN-TURMHÄUSER IN DSCHIDDA

Kunstvolle Erkerfenster schmücken die turmhohen Wohnhäuser der Stadt und sorgen für eine natürliche Belüftung.
Seite 49

Wunder der Natur

* 4 *

RUB AL-CHALI

Sanddünen soweit man schauen kann. Die größte Sandwüste der Erde erstreckt sich über den gesamten Süden des Landes.
Seite 80

* 5 *

AL-HASA

In al-Hasa, einer der größten natürlichen Oasen der Welt, gibt es rund 3 Mio. Dattelpalmen und einen einzigartigen Wüstensee, der auch als Yellow Lake bekannt ist.
Seite 80

* 6 *

WADI DISAH

Als immergrüne Oase ist das Tal aus rötlichen gezackten Bergen und üppigen Palmen ein seltener Anblick in der Wüste des Nordens.
Seite 67

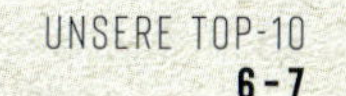

Grandiose Bauten

* 7 *

MARAYA

Das größte verspiegelte Gebäude der Welt macht sich in der Landschaft unsichtbar und dient als Konzert- und Ausstellungskomplex.

Seite 65

* 8 *

ITHRA

Das King Abdulaziz Center for World Culture in Dhahran, auch »Ithra« genannt, ist Kulturzentrum und architektonische Sensation in einem.

Seite 79

* 9 *

AL FAISALIAH TOWER

Riads erster Wolkenkratzer, im Jahr 2000 von Norman Foster erbaut, birgt in einer spektakulären Glaskugel ein Restaurant.

Seite 33

* 10 *

KINGDOM CENTRE

Der auch als »Flaschenöffner« bekannte Bau gehört zu den auffälligsten Wolkenkratzern in Riad und bietet von der Sky Bridge eine faszinierende Aussicht.

Seite 33

FUNKELNDES GLITZERMEER

Einen unvergleichlichen Blick über die Stadt hat man von der Sky Bridge im Kingdom Centre: Der 302 Meter hohe Wolkenkratzer im Herzen der saudischen Hauptstadt Riad ist das architektonische Wahrzeichen des Landes.

AM RAND DER WELT

Nur ein Tagesausflug, rund 100 Kilometer in nordöstlicher Richtung, ist es von Riad zum »Rand der Welt« (Jebel Fihrayn): ein geologisches Highlight in der felsigen Wüste mit grandioser, unverstellter Weitsicht bis zum Horizont.

MOHAMMEDS GRAB

Die Prophetenmoschee in Medina ist nach der al-Harām-Moschee in Mekka die zweitheiligste Moschee des Islam. Unter der grünen Kuppel verbirgt sich das Grab Mohammeds.

BLICK IN DIE ZUKUNFT

Interaktive Museen, Kinos, eine Bibliothek, ein Ideenlabor – das King Abdulaziz Center for World Culture (Ithra) in Dhahran bei Dammam ist sowohl architektonisch als auch in Bezug auf seine Angebote einen Besuch wert.

HANDEL UND WANDEL

Einer der ältesten, sich bis heute neben den modernen Einkaufszentren behauptenden Märkte Riads ist der Suk Taibah. Hier gibt es auch viel Schmuck zu kaufen.

الرميزان فرع ١٠٨
للذهب والمجوهرات

(K)EINE FATA MORGANA

Der größte rundum verspiegelte Bau der Welt, die in der Oase AlUla gelegene Maraya Concert Hall, ist ein Meisterwerk des deutsch-italienischen Kunst-, Design- und Architekturstudios Gió Forma.

HYATT
REGENCY

Riad und Umgebung

*

IM KÖNIGREICH DER SAUD

*

Nirgends trifft Vergangenheit auf mehr Zukunft als in der saudischen Hauptstadt Riad: eine Metropole im steten Wandel, in der historische Paläste und Lehmbauten neben hypermodernen Hochhausvierteln stehen.

Nach dem Vorbild US-amerikanischer Städte wurden auch die modernen Viertel von Riad auf einem schachbrettartigen Muster angelegt.

Es braucht nicht mehr als 25 Sekunden, bis man aus der Vormoderne Riads direkt im 21. Jahrhundert landet. Gerade noch war man in den engen Gassen orientalischer Basare und in historischen Lehmpalästen auf den Spuren von Riads Vergangenheit unterwegs, da geht es schon unvermittelt in die Hochmoderne. Oder, besser gesagt, in den Aufzug des Al Faisaliah Tower, des ersten Wolkenkratzers der Hauptstadt, fertiggestellt im Jahr 2000 nach Entwürfen von Norman Foster. Der Expresslift katapultiert einen sekundenschnell in 267 Meter Höhe, wo man auf einer Aussichtsplattform nicht nur einen fantastischen Ausblick auf Riad hat: Staunend steht man auf einer der seltenen Freiluft-Dachterrassen direkt unterhalb einer riesigen Glaskugel, für die das futuristische, in schmaler Pyramidenform designte Gebäude berühmt ist. Von außen reflektieren die 655 facettierten, goldglänzenden Glasscheiben das Spiegelbild der Betrachter, von innen blickt man durch sie auf die Stadt wie durch einen geschliffenen Diamanten. Im Inneren des gläsernen Globus mit 24 Metern Durchmesser und 360-Grad-Blick befindet sich eines der spektakulärsten Lokale der Stadt, das dreistöckige Globe-Restaurant.

»DIE ZUKUNFT ZU PLANEN IST EINE NIE ENDENDE VERPFLICHTUNG ....«

Jean Nouvel, Stararchitekt

Oben und unten: Das um 1865 im Zentrum der heutigen Hauptstadt errichtete Fort Masmak wurde im Jahr 1902 vom Emir Abd al-Aziz ibn Saud erobert, dem ersten König des modernen Saudi-Arabien.

Noch höher hinauf geht es im Kingdom Centre mit seiner architektonisch spektakulären Sky Bridge, die auf 302 Metern beide Türme verbindet und für Besucher begehbar gemacht wurde. Die dabei in der Fassade entstandene halbbogenförmige Öffnung, die nachts in unterschiedlichen Farben beleuchtet wird, brachte dem Turm auch seinen Spitznamen ein: »Flaschenöffner«. Von hier oben sieht Riad aus wie eine riesige, bis zum Horizont in lauter Quadrate gerasterte Planstadt mit der King Fahd Road als einer der Hauptverkehrsachsen in Nord-Süd-Richtung.

EIN WALD AUS WOLKENKRATZERN

Wie eine gigantische schneeweiße Düne schwingt sich Riads Metrostation vor den King Abdullah Financial District (KAFD), im Inneren Gold an den Wänden und Marmor auf den Böden. Im neuen Finanzdistrikt

Links: das nach Entwürfen des kanadischen Architekten Raymond Moriyama errichtete Nationalmuseum in Riad.
Unten: Die Al Rajhi Moschee, die größte Moschee der Stadt, darf auch von Nichtmuslimen besichtigt werden.

Der King Abdullah Financial District (KAFD, hier mit der Ibrahim bin Saidan Grand Moschee im Bildvordergrund) entspricht den Anforderungen des internationalen Nachhaltigkeitsprogramms »Leadership in Energy and Environmental Design« (LEED).

Rechte Seite oben: Gut zwei Dutzend weltweit renommierte Architekturbüros waren an der Planung des King Abdullah Financial Districts (KAFD) beteiligt. Die futuristische Metro Station (im Bildvordergrund) wurde von Zaha Hadid Architects (ZHA) entworfen.

entsteht gerade ein ganzer Wald an architektonisch extravaganten Wolkenkratzern, für die man solvente Investoren aus aller Welt anlocken will. Klar, dass da auch der PIF-Tower steht, benannt nach dem finanzstarken saudischen Staatsfond und aktuell das mit 385 Metern höchste Gebäude der Hauptstadt.

Im Zuge der Riad-Green-Initiative sollen bis zum Jahr 2030 7,5 Millionen neue Bäume gepflanzt werden, um den Hauptstädtern in den heißen Sommermonaten mehr Kühlung zu verschaffen. Bereits begonnen hat man mit dem Bau der größten öffentlichen Parkanlage der Welt: Der König-Salman-Park soll mit mehr als 1600 Hektar Fläche fast fünfmal so groß werden wie der New Yorker Central Park. Geplant ist eine Art urbane Wildnis mit 1,2 Millionen Bäumen und 30 Millionen Pflanzen, nachhaltig gespeist aus wiederaufbereitetem Abwasser.

BROT UND SPIELE

»Riyadh-Season« ist ein saisonales Mega-Unterhaltungs- und Sportfestival, das jedes Jahr in den kühleren Wintermonaten von Oktober bis März stattfindet. Noch bis 2019 waren öffentliche Konzerte und Kinos in Saudi-Arabien verboten, doch mit der Öffnung des Landes änderte sich auch das. Im Norden Riads schuf man auf einer Fläche von 540 Hektar Raum für mehr als 7000 Veranstaltungen in über zehn verschiedenen Zonen. Gleich im ersten Jahr kamen mehr als zehn Millionen Besucher. Heute ist »Riyadh-Season« eines der größten Winterfestivals der Welt – im Sommer ist es hier mit bis zu 50 Grad viel zu heiß. Bis drei Uhr nachts hat man etwa in der an den New Yorker Times Square erinnernden Boulevard City (Abb. oben) die Wahl zwischen Konzerten, Shows, Restaurants und Cafés, Markenboutiquen – oder man flaniert zwischen Lightshows und Wasserfontänen. In der Boulevard World erwarten einen nachgebaute Sehenswürdigkeiten der Welt an einem künstlich angelegten See: Venedig nach Saudi-Art mit Bootsfahrt auf dem Kanal und Pizza auf der Piazza. Eine Saison voller Illusionen ...

riyadhseason.com

KRONJUWEL AUS LEHM

»Backe, backe Kuchen«, ruft ein kleiner Junge verzückt, als er an der Hand seiner Mutter erwartungsvoll auf ein Meer aus Lehmbauten zuläuft, die aussehen wie Lebkuchenhäuser aus dem Märchenbuch. Augenfälliger könnte der Kontrast zur modernen Glaspalast-Metropole gar nicht sein: Hier, in den verwinkelten Gassen der nun mit Cafés, Handwerksläden und Museen wiederbelebten ehemaligen Oasensiedlung, wurde vor fast dreihundert Jahren der erste saudische Staat gegründet. Für die Familie Al Saud, nach der das Land benannt ist, ist Diriyah – heute ein Vorort von Riad – identitätsstiftend, war es doch ihre ursprüngliche Heimat. Diriyahs Zentralbezirk Turaif wurde bereits restauriert und gehört zum Weltkulturerbe der UNESCO. Mit einer Investitionssumme von 50 Milliarden US-Dollar wird nun das restliche Gebiet renoviert oder im traditionellen Najdi-Architekturstil neu aufgebaut. Schließlich sollen nicht nur ausländische Besucher, sondern auch die Bürger Saudi-Arabiens mehr über die Geschichte des Landes und der Vorgängerstadt Riads erfahren.

Unter Mohammed bin Salman, der von seinem Vater im Jahr 2017 zum Kronprinzen ernannt wurde und nun als De-facto-Herrscher des Landes gilt, hat sich viel verändert. Seit 2019 lässt Saudi-Arabien internationale Besucher ins Land und plant gigantische Investitionen im Tourismus (s. »Zur Sache: Tausendundeine Vision«, S. 76/77). Die Reisefreiheit gilt inzwischen auch für saudische Frauen, die nun Autofahren dürfen und sich nicht mehr verschleiern müssen. Abriegeln ließ MbS, wie Mohammed bin Salman im Volk gern genannt wird, das Land bislang nur zu Beginn seiner Amtszeit, um allen klar zu machen, wer jetzt in Saudi-Arabien das Sagen hat – und um zu verhindern, dass sich 400 der Korruption verdächtigte Angehörige der Elite aus Politik und Wirtschaft ins Ausland absetzen. Darunter waren auch mehr als zwei Dutzend Prinzen, ehemalige Minister

Links: Der Al-Safa Clock Tower beim gleichnamigen Platz wird auch »Big Ben von Saudi-Arabien« genannt.
Oben: Der auffällig gestreifte Wasserturm war einst das Wahrzeichen der Stadt.

Unten: Diriyah, heute ein Vorort von Riad, ist ein für seine traditionellen Lehmbauten bekanntes UNESCO-Welterbe.

Links und unten: Authentische saudische Küche wird im Najd Village (s. Tipp S. 34) in traditionellem Ambiente serviert.

Auf dem Suk Al Jamal, einem der größten Kamelmärkte der Arabischen Halbinsel, wechseln die wegen ihres schaukelnden Gangs auch als »Wüstenschiff« bezeichneten Tiere ihren Besitzer.

und hohe Militärs, die standesgemäß in Riads Fünfsterne-Hotel Ritz-Carlton festgesetzt wurden, einem ursprünglich für Gäste der Königsfamilie erbauten Palast, dessen riesige Marmorlobby mit Skulpturen springender Pferde, Bronzestatuen und Kronleuchtern ausgestattet ist. Die wiedererlangte Freiheit der Beschuldigten war schnell mit Geld zu beziffern. Bei ihrem teuersten Check-out der Geschichte sollen auf diese Weise umgerechnet 86 Milliarden Euro zurück in die Staatskasse geflossen sein. (Herkömmliche Hotelgäste können für gewöhnlich schon ab 353 Euro aus dem Ritz-Carlton auschecken.)

GRENZERFAHRUNGEN

Nur das Fort Masmak dürfte in der Geschichte des Al-Saud-Clans eine größere Rolle gespielt haben. War ihre Macht doch so geschwächt, dass sie sich 1891 ins Exil nach Kuwait zurückzogen. Erst elf Jahre später gelang es dem jungen Abdul Asis ibn Saud mit einigen Getreuen in einem Handstreich, das Fort und damit Riad sowie später das gesamte Gebiet des heutigen Saudi-Arabien wieder unter seine Kontrolle zu bringen. Vom Fort führt der Weg direkt auf den größten Hauptplatz der Stadt, den Al-Safah-Platz. Unbekümmert nutzen zwei Buben die riesige Freifläche für ein Fußballspiel. Umgeben von Behördengebäuden bleibt der Platz ansonsten gespenstisch leer. Heute wird er gelegentlich für Open-Air-Konzerte genutzt – nur allzu gern würde man die Erinnerung daran verdrängen, dass dies noch vor wenigen Jahren ein Ort öffentlicher Hinrichtungen war.

EIN LAND IM UMBRUCH

Saudi-Arabien ist ein Land im Umbruch. Einerseits ist da ein nach wie vor streng monarchisches System, andererseits haben die Menschen jetzt neue Freiheiten und die Chance auf eine bessere Zukunft. Schließlich ist mehr als die Hälfte der Bevölkerung jünger als 30 Jahre. Und während man darüber nachdenkt, wie wohl vor allem junge Leute unsicher sind, wo gerade die Grenzen des Erlaubten liegen, weil auf einmal Dinge möglich sind, die aus religiösen Gründen vor wenigen Jahren streng verboten waren, setzt sich völlig unerwartet eine junge Frau auf die Parkbank dazu. Sie will wissen, woher man kommt, wie das Leben in Europa so ist und ob es einem in Saudi-Arabien gefällt. Als sie erfährt, dass man wiederkommen will, sagt sie: »Schreib mir, wann, dann koche ich unser Nationalgericht Chicken Kabsa für dich«. Hinter ihrem schwarzen Niqab sieht man nur ihre Augen, die plötzlich vor Freude strahlen, als sie für einen kurzen Augenblick überraschend ihren Schleier lüftet und sagt: »Schau, du musst mich doch beim nächsten Mal auch wiedererkennen.« Sie lacht, und auf einmal hat die anonyme, hinter Schleiern verborgene Frau ein Gesicht bekommen: das von Wejdan.

Zu Besuch in der Wüste

IM LEEREN VIERTEL

Die meisten Saudis leben überwiegend in großen Städten, doch am Wochenende unternehmen sie gern Ausflüge in die Wüsten des Landes. Anders als viele Touristen suchen sie dort aber weniger nach innerer Einkehr als nach Unterhaltung und Amüsement.

Oben und rechte Seite: in den Ausläufern der Wüste Rub al-Chali, südöstlich von Riad.

Sobald die eisige Kälte der Nacht verschwunden ist und der Morgen seine erste wärmende Brise über die Dünenkämme schickt, beginnt die schönste Zeit des Tages. Zur frühen Stunde setzt die aufgehende Sonne ein gigantisches Farbenspiel in Kraft und taucht die Wüstenlandschaft in Farben von Orange über Apricot bis hin zu Rosa. Vor einem nichts als schier endlose Dünen ...

DAS WESEN DER DINGE

Lange Zeit verzeichneten Landkarten nur riesige leere Flächen für die kaum erforschte Rub al-Chali, deren Name übersetzt »Leeres Viertel« bedeutet. »Allah hat aus der Wüste alles Überflüssige entfernt, damit wir das Wesen der Dinge erkennen«, lautet ein arabisches Sprichwort. Tatsächlich ist diese unwirtliche Gegend aber keineswegs »leer«, sondern wird von einer Vielzahl von Lebewesen bewohnt. Die Rub al-Chali, die sich – das südliche Drittel der Arabischen Halbinsel bedeckend – hauptsächlich durch Saudi-Arabien, aber auch durch die Vereinigten Arabischen Emirate, den Oman und den Jemen erstreckt, ist mit mehr als 650 000 Quadratkilometern die größte Sandwüste der Welt. Doch obwohl etwa 95 Prozent der saudischen Landschaft von Wüstengebieten dominiert werden, spielen diese im Tourismuskonzept bislang noch keine große Rolle.

STILLE UND ENTSCHLEUNIGUNG?

Dass viele Reisende in der Wüste besonders Stille und Entschleunigung von zivilisatorischer Reizüberflutung suchen und dies lieber mit Glamping-Übernachtungen statt mit Camping verbinden, ist in Saudi-Arabien eine noch weitgehend neue Erkenntnis. Denn für Wüstenausflüge gibt es vor allem auf Action ausgerichtete Tagestouren. Ihre Winter-Wochenenden in der Wüste pflegen Saudis ohnehin lieber mit Entertainmentangeboten wie Dune-Bashing, Sandboarding oder Bogenschießen zu verbringen. Kaum ein Saudi, der kein eigenes Zelt oder gar einen festen Stellplatz in einem der etwa 500 lokalen Wüstencamps rund um die Hauptstadt Riad besitzt.

Wobei in der modernen Version des Beduinenlebens Satellitenfernsehen, Klimaanlage und ein gefüllter Kühlschrank selbst im einfachsten Zelt nicht fehlen dürfen.

Abenteuer Wüste (alle Abbildungen dieser Doppelseite): So romantisch die Vorstellung von einem Ausflug in die Rub al-Chali auch ist – ohne ortskundigen Guide sollte man sich besser nicht darauf einlassen.

DIE EWIGKEIT ALS MASSSTAB

»Früher, als die Wüstenbewohner weder territoriale noch kulturelle Grenzen kannten, hatten einige Beduinen in der Abgeschiedenheit der Rub al-Chali nicht einmal mitbekommen, dass sie plötzlich einen Pass brauchen«, erzählt ein Wüstenguide. Erst König Ibn Saud unterwarf verschiedene Stämme der Arabischen Halbinsel und vereinigte sie im Jahr 1932 zum heutigen Saudi-Arabien. Doch in den Weiten der Wüste, wo sich schon ein paar Sekunden der Stille schier endlos anfühlen, was bedeutet da schon die Zeit, wenn die Ewigkeit zum Maß aller Dinge wird?

TRAUM UND WIRKLICHKEIT

»Und dennoch liebten wir die Wüste. Zuerst ist sie nur Leere und Schweigen, denn sie gibt sich nicht zu Liebschaften von einem Tag her«, ließ der französische Schriftsteller Antoine de Saint-Exupéry seinen »kleinen Prinzen« philosophieren. Touristen und die Rub al-Chali, das erscheint den Saudis jedoch als eine recht gefährliche Liebschaft – ohne ortskundigen Guide sogar als eine lebensgefährliche. Denn selbst mittels Satellitennavigation muss man sich in den verschiedensten Dünenformationen orientieren und auf losem Sand fahren können. Da gilt es, niemals zu bremsen, sondern genügend Abstand zu halten, damit man das Auto ausrollen lassen kann, denn sonst steckt man unwiederbringlich fest.

»Touristen sind romantische Träumer«, meinen die Guides. Tatsächlich ist das Verhältnis der Einheimischen zur Wüste viel pragmatischer, als man zunächst einmal denken würde. Zum Wochenendausflug in die Dünen brechen sie nur bestens ausgestattet auf – und immer in Begleitung von Freunden, schließlich will man doch auch Spaß und Unterhaltung haben. Danach klopfen sie sich einfach den Wüstenstaub wieder aus den Kleidern – und kehren zurück in die Stadt.

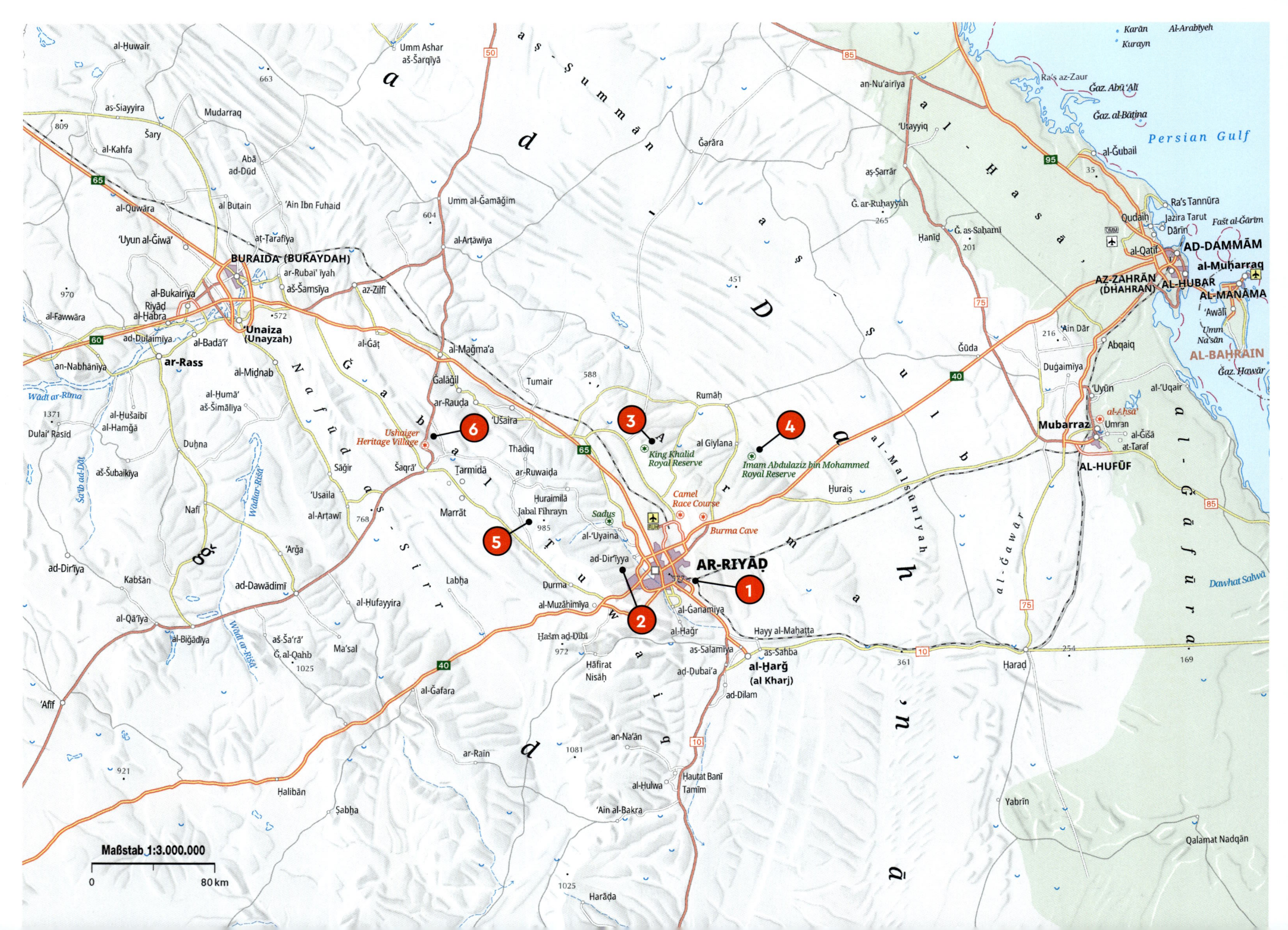

AR-RIYĀḌ
BURAIDA (BURAYDAH)
'Unaiza (Unayzah)
ar-Rass
AD-DAMMĀM
al-Muharraq
AL-MANĀMA
AL-BAHRAIN
AZ-ZAHRĀN (DHAHRAN)
AL-HUBAR
AL-HUFŪF
Mubarraz
al-Harǧ (al Kharj)
Persian Gulf
Dawhat Salwā
Wādī ar-Rima
Wādī ar-Rišā'
Ša'īb ad-Dāt
al-Ḥasā
ad-Dahnā'
aṣ-Ṣummān
Ǧabal Ṭuwaiq
al-Ǧāfūra
al-Malsūnīyah
al-Ǧawār
Nafūd as-Sirr
Ushaiger Heritage Village
King Khalid Royal Reserve
Imam Abdulaziz bin Mohammed Royal Reserve
Camel Race Course
Burma Cave
Sadus
al-Aḥsā'
Jabal Fihrayn
ad-Dir'iyya
al-'Uyaina
Durma
al-Muzāhimiya
al-Ġanamiya
al-Hağr
as-Salamiya
as-Sahba
Hayy al-Mahatta
ad-Dubai'a
ad-Dilam
Hāfirat Nisāh
Hašm ad-Dibi
an-Na'ān
al-Hulwa
Hautat Banī Tamīm
'Ain al-Bakra
Harāḍa
ar-Rain
al-Ǧafara
Halibān
Šabha
'Afīf
ad-Dawādimī
al-Hufayyira
Labha
Marrāt
Tarmidā
Šaqrā'
Thādiq
ar-Ruwaida
Huraimilā
'Ušaira
ar-Rauḍa
Galāǧil
al-Maǧma'a
Tumair
Rumāh
al Giylana
Huraiṣ
Ǧūda
Duǧaimiya
'Ain Dār
Abqaiq
'Uyūn
al-'Uqair
Umran
al-Ǧišā
at-Taraf
Haraḍ
Yabrīn
Qalamat Nadqān
al-Qatīf
Qudaih
Jazira Tarut
Dārīn
Ra's Tannūra
Fašt al-Ǧārim
al-Ǧubail
Ra's az-Zaur
Ǧaz. Abū 'Ali
Ǧaz. al-Bāṭina
Karān
Kurayn
Al-Arabīyeh
'Awālī
Umm Na'sān
Ǧaz. Hawār
an-Nu'airiya
'Utayyiq
aš-Šarrār
Ǧ. ar-Ruhayyah
Ǧ. as-Sahamī
Hanīd
Ǧarāra
Umm al-Ǧamāǧim
al-Artāwiya
Umm Ashar aš-Šarqiya
az-Zilfī
al-Ǧāṭ
Ǧāṭ
ar-Rubai' iyah
aš-Šamsiya
at-Tarafiya
'Ain Ibn Fuhaid
al Butain
Abā ad-Dūd
Mudarraq
Šary
al-Kahfa
as-Siayyira
al-Huwair
al-Quwāra
'Uyun al-Ǧiwā'
al-Bukairiya
Riyāḍ al-Habra
al-Fawwāra
ad-Dulaimiya
al-Badā'i'
an-Nabhāniya
al-Midnab
al-Humā' aš-Šimāliya
al-Hušaibī
al-Hamǧā
Dulai' Rašid
Duhna
aš-Šubaikiya
Nafī
'Usaila
Sāǧir
al-Artawī
'Arǧa
Kabšān
ad-Dir'iya
al-Qā'iya
al-Biǧādiya
aš-Ša'rā'
Ǧ. al-Qahb
Ma'sal
Maßstab 1:3.000.000
0
80 km

METROPOLE IM WANDEL

Vom kleinen Wüstendorf zur modernen Stadt mit hohen Wolkenkratzern – Riad weiß beides optimal in Szene zu setzen: die Lehmstadt-Oase Diriyah, in der Saudi-Arabiens Geschichte begann, genauso wie den hypermodernen Finanzdistrikt KAFD. In der Umgebung locken Ausflüge in die Wüste oder an den Rand der Welt.

RIAD (AR-RIYĀD)

1 Riad (heute ca. 7,7 Mio. Einw.) wurde im Jahr 1590 als Zentrum von Handelskarawanen erstmals urkundlich erwähnt und im Jahr 1932 zur Hauptstadt Saudi-Arabiens. Das Stadtgebiet ist von Natur aus flach und auf einem Rastersystem aus 2 × 2 km großen Blöcken aufgebaut. Als Hauptstadt ist Riad auch der Sitz wichtiger Regierungsgebäude sowie eines separierten Diplomatenviertels mit ausländischen Botschaften und internationalen Organisationen. Ab 2024 soll eine Metro mit fahrerlosen, voll klimatisierten Zügen auf 6 Linien, 85 Stationen in einem Gesamtnetz von ca. 176 km Entlastung im Stadtverkehr bringen.

Die im Jahr 2004 in Riad eröffnete Al Rajhi Moschee ist die größte Moschee der Stadt.

Moderne Hochhausarchitektur im King Abdullah Financial District (KAFD).

SEHENSWERT

Der von dem Stararchitekten Norman Foster im Jahr 2000 gebaute **Al Faisaliah Tower TOPZIEL** ist Riads erster Wolkenkratzer, gestaltet in schmaler Pyramidenform mit spektakulärem Globe-Restaurant in einer riesigen Globuskugel und Zugang zur Open-Air-Aussichtsplattform auf 267 m (tgl. 11.00–23.00 Uhr, Eintritt: 16 €). In Sichtweite befindet sich das **Kingdom Centre TOPZIEL**, wegen seines Aussehens »Flaschenöffner« genannt. Die spektakuläre Sky Bridge in der 99. Etage ist eine Indoor-Aussichtsbrücke auf 302 m Höhe (Sa.–Do. 12.00–22.30, Fr. 16.00–22.30 Uhr, Eintritt: 18 €); die King Abdullah Moschee in der 77. Etage (183 m) war 2003 die höchste im Land.

Entlang der Nord-Süd-Achse der großen King Fahd Road trifft man auf die **König-Fahd-Nationalbibliothek**, ein architektonisches Meisterwerk des deutschen Architekten Eckhard Gerber mit einer Fassade aus weißen Sonnensegeln. Highlights aktuell entstehender Wolkenkratzer gibt es weiter nördl. im **King Abdullah Financial District (KAFD)** zu sehen. Spektakulär sind neben dem von Zaha Hadid Architects (ZHA) in Form weißer Sanddünen entworfenen Metrobahnhof das mit 385 m aktuell höchste Gebäude der Hauptstadt, der Public Investment Fund (PIF) Tower, Sitz des saudischen Staatsfonds, und die in Form einer Wüstenrose gestaltete KAFD Grand Moschee.

2 Diriyah (ad-Dir'iyya) TOPZIEL, heute ein Vorort am nordwestlichen Stadtrand, ist komplett aus Lehm gebaut und gehört zum Weltkulturerbe der UNESCO. Diriyahs Bezirk At-Turaif war die erste Hauptstadt der Saudis und ist die ursprüngliche Heimat der Königsfamilie Al Saud. Das revitalisierte Viertel Al Bujairi präsentiert sich als nur für Fußgänger zugängliches Labyrinth aus verwinkelten Gassen mit Cafés und Handwerksläden (Sa.–Do. 10.00–12.00, Fr. 14.00–24.00 Uhr, letzter Eintritt um 23.00 Uhr, diriyah.sa/en). Riads größte Moschee, die **Al Rajhi Moschee** mit Platz für 18 000 Männer und 2500 Frauen, ist eine der seltenen, in der auch Führungen für Nichtmuslime angeboten werden (hadyyah.org.sa/en/al-rajhi-mosque-tour/).

Der trutzige Lehmbau des **Masmak Forts** (heute Museum, 6937 Al Thumairi Street, tgl. 8.00–21.00 Uhr) erlangte Bedeutung wegen seiner Rückeroberung durch König Abdul Asis ibn Saud, der seinem Familienclan damit seit 1902 wieder die Macht im Land sicherte. Direkt vis-à-vis liegt der **Al-Safah-Platz**, auch **Deera-Platz** genannt. Er ist der größte Platz der Hauptstadt.

Ein Meteorit als Exponat im Nationalmuseum.

SCHLEMMEN AUF SAUDISCHE ART

*Gegessen wird mit der Hand, Platz genommen auf dem Teppich. Wer als Besucher arabische Gastfreundschaft erfahren und einheimische Gerichte probieren will, ist im **Najd Village (€€–€€€)** richtig. Hier schaffen originalgetreu nachempfundene Lehmbauarchitektur sowie authentische Rezepte wie Kabsa, Jareesh und Hashi eine authentische Atmosphäre.*

Abi Bakr As Siddiq Rd, King Salman Neighborhood, Tel. +966 920 03 35 11, najdvillage.com

Auf dem Suk Al Jamal werden Kamele verkauft.

Gleich ums Eck steht der **Al-Safah-Clock-Tower**, wegen seines Aussehens auch »Big Ben von Saudi-Arabien« genannt, 1966 in Deutschland konstruiert. Eine die Zeit ansagende Frauenstimme und der Glockenklang waren ursprünglich über Lautsprecher noch in 2 km Entfernung zu hören. Später befanden Religionswächter eine Frauenstimme im öffentlichen Raum für unpassend, weshalb der Turm bis heute stumm bleibt.

MUSEEN

Im Inneren des **Salwa-Palastes** (1765) beginnt im **Diriyah-Museum** (Wadi Hanifah St, visitsaudi.com/en/do/culture/at-turaif) eine historische Entdeckungsreise mit Manuskripten, antiken Stücken und einem Stammbaum der Herrscherfamilie. Auf dem Gelände des **King Abdulaziz Historical Centers** gibt es im **Nationalmuseum** (King Saud Rd. 2722, Sa.–Mi. 9.00–19.00, Do. bis Fr. 14.00–22.00 Uhr) interessante Artefakte aus allen Epochen des Landes zu bestaunen. Südwestlich davon befindet sich der **Murabba Historical Palace** (1938), der ehemalige Wohnsitz von König Abdulaziz mit dem ersten Aufzug des Landes, Wassertoilette sowie von Generatoren erzeugtem Strom und einem Fuhrpark an Automobilen (Mo.–Do. 9.00–12.00 u. 17.00–20.00, Fr.–Sa. 17.00–20.00, So. 9.00–12.00 Uhr).

EINKAUFEN

Im **House of Artisans by Bonjour Saudi**, einem Altstadtlehmhaus mit schöner Dachterrasse in Diriyah, gibt es neben kulturellen Workshops oder Kochkursen auch lokales Kunsthandwerk zu kaufen (Bonjour Saudi Rooftop, Ad Dawh Al Kabir, Samhan, Diriyah 13712, tgl. 16.00–24.00 Uhr).

Der **Suk Al Zal** in Diriyah ist einer der ältesten Antiquitätenmärkte der Stadt. Man hat die Wahl zwischen Weihrauch, Oud-Parfüms, Kamelleder-Pantoffeln, Teppichen, arabischen Kaffeekannen (Dallahs) und vielem anderem mehr (Shaikh Muhammad Ibn Ibrahim Street, tgl. 8.00–22.00 Uhr).

Unter einem wellenförmigen Glasdach ist die **Park Mall** (Northern Ring Rd, Al Aqiq, tgl. 9.00–1.00 Uhr, riyadh-park.com) mit 132 000 m² Fläche das größte Shopping-Center mit internationalen Markenartikeln, IMAX-Kino und vielen Restaurants.

Auf dem Kamelmarkt **Suk Al Jamal**, von Riad ca. 30 km nördl. der Dammam Str. (Ausfahrt: Thumamah), treiben große Augen, lange Wimpern und ein langer Hals der Tiere den Preis für ein Kamel nach oben (umgerechnet 1000–1 Mio. €).

HOTELS

€€€€ Aseel Resort Diriyah
Im historischen Viertel von Diriyah wohnt man in restaurierten Lehmbauten, ausgestattet mit lokaler Handwerkskunst, ohne auf den Komfort heutiger Annehmlichkeiten verzichten zu müssen (Wadi Hanifah, Ad Dariyah, aseelresorts.com).

€€€€ Mandarin Oriental Al Faisaliah Hotel
Das Mandarin Oriental ist eine der zeitlos elegantesten Unterkünfte im Hauptstadtzentrum, am Fuß des Al Faisaliah Towers gelegen (King Fahad Road, Al Olaya, mandarinoriental.com/en/riyadh/olaya).

€€ Aloft
Preisgünstig und modern nach westlichen Standards eingerichtet, liegt das zur Marriott Hotelgruppe gehörende Aloft nur etwa 1,9 km vom Al Faisaliah Tower entfernt (Olaya Street Crossing Makkah Al Mukarramah Road, marriott.com/en-us/hotels/ruhal-aloft-riyadh).

RESTAURANTS

€€€€ The Globe
Der goldglänzende Globus unterhalb der Spitze des Faisaliah Towers ist mehr als Dekoration. Im Inneren verbirgt sich ein luxuriöses Restaurant mit moderner internationaler Küche zum Dinner oder High Tea (Fr./Sa.) und herrlichem Blick auf die Skyline der Stadt. Reservierung erforderlich (King Fahd Rd, Al Olaya, mandarinoriental.com/en/riyadh/olaya/dine/the-globe).

€€€€ Suhail
Allein die Inneneinrichtung ist den Besuch wert. Komplett in hellem Holz gehalten, zeigt sich das Design inspiriert von Wüstendünen, Palmen und Felsenschluchten; auch eine Außenterrasse gibt es. Im Gourmet-Restaurant wird saudische Küche modern interpretiert (Diyafa Plaza, Northern Ring Road, suhailrestaurant.com).

€€–€€€ Najd Village
Siehe Tipp linke Spalte.

€–€€€€ Boulevard City
In den kühleren Wintermonaten von Oktober bis März eröffnet zur sogenannten Riyadh-Season (s. Special, S. 24) ein großes Outdoor-Vergnügungs- und Veranstaltungsviertel mit etlichen Restaurants (Prince Turki Ibn Abdulaziz Al Awwal Road, Hittin, riyadhseason.com).

Der Suk Al Zal in Diriyah ist der älteste und größte Kunsthandwerksmarkt der Stadt.

Nobles Ambiente: Restaurant Suhail in Riad.

€–€€€€ Bujairi Terrace
In Diriyah gelegen, überblickt man auf der Bujairi Terrace das historische Lehmbauviertel und hat gleichzeitig eine große Auswahl an Restaurants und Cafés in allen Preiskategorien sowie für alle Geschmäcker. Der Diriyah-Zugang kostet Eintritt, wird bei Restaurantbesuch aber erstattet (7295 King Faisal Rd. 3205, bujairi.sa/en).

UMGEBUNG
Die Hauptstädter unternehmen am Wochenende gerne Ausflüge in die nahegelegenen Wüstengebiete. Safari, Dune Bashing, Sandboarding oder Kamelreiten, aber auch Zelt-Übernachtungen sind nur nach einer Vorabbuchung möglich.

Das 3 **King Khalid Royal Reserve**, rund 80 km nordöstl. des Stadtzentrums, ist ein 720 km² großes Naturschutzgebiet. Das Yalla Hike Camp befindet sich in der Nähe der Thumama-Verwerfung mit markanten Felsendomen, durch die man im herrlichen Licht- und Schattenspiel auf ein Aussichtsplateau wandern kann.

Im 4 **Imam Abdulaziz bin Mohammed Royal Reserve**, 125 km nordöstl. vom Stadtzentrum, einem 11 300 km² großen Schutzgebiet im südwestl. Teil der Dahna-Wüste mit ausgedehnten rötlichen Sanddünen, gibt es Wüsten-Exkursionen mit Essen und einfacher Zelt-Übernachtung (kein Glamping), ca. 250 €, yallahike.sa/en.

Spektakuläre Felsenklippen erklimmt man am Rand der Welt: 5 **Jebel Fihrayn**, 100 km nordwestl. von Riad (s. »Ja natürlich«, rechts).

Das 6 **Ushaiger Heritage Village**, etwa 200 km nordwestl. von Riad, ist eines der ältesten Dörfer der Region. Erste Beduinen ließen sich schon vor 1500 Jahren an diesem Ort nieder, noch heute lebt hier eine kleine Gemeinschaft. Ein Besuch gibt Einblick in die Najdi-Architektur, man fühlt sich wie in einem Freilichtmuseum. Fensterrahmen und Dachzinnen setzen sich in weißer Farbe ab und lassen die Gebäude wie frischgebackene Lebkuchenhäuser erscheinen. Das von den Dorfeinwohnern gegründete al-Salem Museum zeigt Artefakte und verschiedene Arbeitsutensilien der Gegend.

INFORMATION
visitsaudi.com/de/see-do/destinations/riyadh

BIS AN DEN RAND DER WELT

Klippen müsse man umschiffen oder zumindest überwinden, so heißt es. Den Jebel Fihrayn hingegen gilt es zu erklimmen. Seine rund 300 Meter hohen Klippen ragen senkrecht aus der Umgebung heraus und enden in einer plötzlichen Abbruchkante, sodass man das Gefühl hat, am Rand der Welt zu stehen.

Das geologische Wunder etwa 100 Kilometer nordwestlich von Riad entstand durch die tektonische Bewegung der arabischen Platte. Die Aussichtspunkte von den Klippenspitzen sind besonders dramatisch, weil sie die ausgedehnte Felsenlandschaft am 1000 Kilometer langen Tuwaiq-Steilhang überragen.

In weiter Ferne, so nah: Jebel Fihrayn im Nordwesten von Riad.

Von hier oben hat man einen grandiosen Blick über ein weites Tal, durch das einst eine der alten Karawanenhandelsrouten verlief, die von Jemen in die Levante und nach Persien führten. Heute sind im Tal ausgetrocknete Flüsse zu erkennen und Kamele, die durch die Geröllwüste ziehen. Auch mehrere Wanderwege erkennt man, die auf und um die Klippen herumführen.

Etwa eine halbe Stunde braucht man je nach individueller Kondition, um vom Tal wieder heraufzuwandern. Da die Klippen nach Westen zeigen, bieten sie einen unvergesslichen Ausblick auf den Sonnenuntergang über der Wüste.

Beste Reisezeit: In den Wintermonaten November bis Februar. Starke Regenfälle können in den sonst trockenen Tälern manchmal zu Sturzfluten oder Steinschlägen führen und das Gebiet unzugänglich werden lassen.

Anfahrt: Der Jebel Fihrayn ist nur über unbefestigte Straßen im Geländewagen mit Navigationssystem erreichbar. Zufahrten sind für Ortsunkundige nicht leicht zu finden, deshalb bieten lokale Veranstalter auch Tagestouren an. Ratsam ist eine gute Wanderausrüstung.

Übernachten: Camping im Acacia Valley, Essen und Getränke sind mitzubringen.

Im Westen

SAUDI-ARABIENS TOR ZUR WELT

Dschidda, die Hafen- und Handelsmetropole am Roten Meer, gilt als besonders weltoffen, kommen doch seit jeher Reisende aus aller Welt in diese Stadt, die auch das Eingangstor für Mekka- und Medina-Pilger ist. Wer sich nach kühleren Gefilden sehnt, findet diese in der Sommerhauptstadt Ta'if im Gebirge.

Urbanes Schmuckstück von Dschidda ist die Corniche, die Küstenstraße am Roten Meer – ein Ort zum Flanieren und Verweilen, ideal auch für das Beobachten von Sonnenuntergängen.

Mit Schnitzereien verzierte Holzbalkone in al-Balad: Dschiddas historisches Zentrum gehört zum UNESCO-Weltkulturerbe.

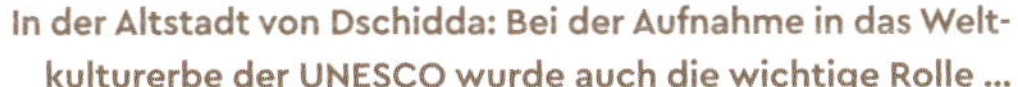

In der Altstadt von Dschidda: Bei der Aufnahme in das Weltkulturerbe der UNESCO wurde auch die wichtige Rolle ...

... betont, die die Hafenstadt als Tor für Pilger zu den heiligen Stätten des Islam und als multikulturelles Handelszentrum hat.

Ich sehe dich, aber du mich nicht, hört man eine Frauenstimme in einem der Häuser sagen und kann sie dennoch nirgends ausmachen. Auf diesem Prinzip basiert die besondere Architektur der Roshan-Turmhäuser in al-Balad, dem historischen Kern der Hafenstadt Dschidda, der seit 2014 zum Weltkulturerbe der UNESCO gehört. Die mehrere Stockwerke hohen, mit schweren Teakholztüren versehenen Korallenkalksteingebäude, die in der zweiten Hälfte des 19. Jahrhunderts entstanden, fallen einem besonders wegen ihrer wunderschönen, mit Fensterläden verzierten, farbigen Holzbalkone auf. Durch deren ornamentale, gitterähnliche Schnitzereien war es den Frauen von ihren Privatwohnungen aus möglich, unverschleiert das öffentlichen Leben vor ihrem Haus zu verfolgen, ohne selbst von draußen gesehen zu werden. Obendrein sorgten die geschmackvoll gestalteten Fenster für eine natürliche Belüftung in dem extrem heißen und feuchten Klima. Aktuell wird der historische Kern von Dschidda gerade für den Tourismus aufgehübscht, und nur mit viel Glück kann man eines der Turmhäuser von innen sehen. Einheimische wohnen hier kaum noch, denn die Häuser werden nach und nach in Museen, Kunstgalerien oder Cafés umgewandelt.

WANDEL DURCH HANDEL

Die Doppelrolle als Handelszentrum und Einfallstor für Pilger, die einst auf dem Seeweg ankamen und aus Asien, Afrika oder dem Nahen Osten Waren mitbrachten, die sie in Dschidda verkauften, machte die Stadt schon früh zu einem blühenden multikultu-

UNTER DAMPF

Die Hedschasbahn (Sikkat ḥadīd al-Ḥiğāz) verband Damaskus quer durch die arabische Wüste mit Mekka – eine technische Pioniertat.

Es war Lawrence von Arabien, der die Hedschasbahn mit Sprengstoffanschlägen zu großen Teilen zerstörte. Als britischer Offizier kämpfte er im Ersten Weltkrieg auf der Seite der Araber gegen die Türken, als im Krieg die 1322 Kilometer lange Strecke plötzlich an militärischer Bedeutung gewann. Entstanden war die Bahn im Jahr 1908 ursprünglich mit Spenden von Pilgern, welche die Reisedauer nach Mekka verkürzen wollten, was arabische Beduinen als Konkurrenz zu ihren Karawanen empfanden. Bauleiter war Heinrich August Meissner aus Sachsen, auch die Lokomotiven kamen aus Deutschland. Einige Bahnhöfe und Züge aus jener Zeit werden aktuell restauriert. Drei Museen widmen sich der Geschichte der Hedschasbahn: in Medina und Tabuk auf dem Gelände des ehemaligen Bahnhofs sowie im Lokschuppen in Mada'in Salih.

thehejazrailway.com

Die im Jahr 1985 in Dschiddas Hafenbucht errichtete »schwimmende« Al-Rahma-Moschee befindet sich am nördlichen Ende der Corniche.

Rechts und rechte Seite unten: An Dschiddas von Cafés, Restaurants und Stränden gesäumter Uferpromenade gibt es immer viel zu sehen.

rellen Zentrum. Die zweitgrößte urbane Ansiedlung des Landes gilt daher seit jeher als besonders weltoffen. Allerdings landen die meisten Pilger inzwischen auf dem internationalen Flughafen von Dschidda. Von den acht großen Stadttoren, die früher vor Einbruch der Dunkelheit geschlossen wurden, um die Einwohner und ihre Märkte zu schützen, führt das Mekka Gate zur heiligsten Stadt im Königreich. Von hier sind es nur noch etwa 80 Kilometer dorthin.

HÖHER, SCHNELLER, WEITER

Kreisverkehre mit kuriosen Kunstwerken wie einem Auto auf einem fliegenden Teppich oder einem nachts beleuchteten Globus beleben Dschiddas Straßen. Auch Formel-1-Boliden bekommt man hier gelegentlich zu sehen: Seit der Formel-1-WM 2021 wird an der nördlich vom Stadtzentrum gelegenen Corniche der Große Preis von Saudi-Arabien ausgetragen. Die 6,17 Kilometer lange Strecke hat 27 Kurven und ist mit geschätzten Höchstgeschwindigkeiten von über 320 Stundenkilometern zwischen den Kurven 25 und 27 der schnellste Stadtkurs der Formel 1.

Rekordverdächtig war auch die geplante Höhe des Jeddah (oder Kingdom) Tower (»Jeddah« ist die englische Transkription von Dschidda): Mit mehr als 1000 Metern sollte er den Burj Khalifa in Dubai als höchstes Bauwerk der Welt ablösen. Doch es kam anders. Auf einer Höhe von nur 256 Metern wurde der Bau im Jahr 2018 eingestellt. Seither ist seine Vollendung offen, wie so manches, was im architektonischen Großprojekt im Rahmen der »Vision 2030« angekündigt wurde (s. »Zur Sache«, S. 76/77) .

VOM LEBEN AM MEER

Ganz besonders lebendig zeigt sich Dschidda an seiner Meerseite, wo die Al-Rahma-Moschee, auch Fatima-Al-Zahra-Moschee genannt, in der Hafenbucht »schwimmt«. Platz zum Spazierengehen gibt es an Dschiddas Uferpromenade genug, sie ist immerhin fast vier Kilometer lang. Wenn die Abendbrise angenehmere Temperaturen bringt, treffen sich hier viele Familien zum Flanieren oder Picknicken mit Blick auf die 312 Meter hohe König-Fahd-Fontäne, die höchste der Welt. Dann ist die Stimmung hier beinahe so ausgelassen wie an der Italienischen Riviera.

Oben und unten links: auf dem Suk Al Alawi in Dschidda.
Unten rechts: Marktstand in Ta'if.

Oben: Spektakuläre Serpentinen führen auf die Bergkuppe von Al Hada.

Unten: Instagramfototauglicher Aussichtspunkt am Al Hada.

DER LEUCHTENDE BERG

Wem die natürliche Belüftung in einem Roshan-Turmhaus nicht genug Kühlung verschafft, der fährt in die Berge nach Ta'if, der inoffiziellen Sommerhauptstadt Saudi-Arabiens. Etwa 70 Kilometer südöstlich von Mekka gönnt man sich hier in 2000 Metern Höhe eine erfrischende Abwechslung von der Hitze in der Ebene. Schon die Anfahrt auf der kurvenreichen Bergstraße mit ihren tiefen Tälern bietet Nervenkitzel. Besonders spektakulär wirkt der Blick auf die Bergkuppe von Al Hada, die von der Straße fast komplett umkreist wird. Zur späten Stunde versammeln sich viele Ausflügler am Aussichtspunkt, um die Lichter zu fotografieren, welche die vorbeifahrenden Autos bei ihrer Fahrt erzeugen. »Leuchtender Berg«, sagen Fatima und Ayse und kichern verlegen, als sie uns bitten, ein Foto mit ihren Freundinnen vor der spektakulären Kulisse zu machen. Ihre Abayas duften nach Rosenparfüm, das seit Jahrhunderten in Ta'if hergestellt wird (s. »Ja, natürlich«, S. 51). Lokales Wissen und die Traditionen der Vorfahren haben die Herstellung eines ätherischen Rosenöls ermöglicht, das bei wohlhabenden Besucherinnen aus der gesamten Golfregion hochbegehrt ist. Im Frühjahr verwandeln die Blüten die Umgebung von Ta'if in ein rosa Farbenmeer.

VON BETÖRENDEM ROSENDUFT BEGLEITET

Der schneeweiße Shubra Palast mit seinen hölzernen Balkonen und Fenstern ist noch ein Überbleibsel des alten Ta'if. König Abdul Asis wohnte in dem 1858 erbauten herrschaftlichen Gebäude, das später auch Residenz von König Faisal war. Heute ist der Palast ein Museum, denn die Königsfamilie kommt nicht mehr zum Sommerurlaub hierher, sie jettet lieber ins westliche Ausland. Ist Ta'ifs Altstadt untertags wenig belebt, kehrt am Abend Leben zurück in die Gassen. Dann öffnen die Läden des Al-Balad-Suks. Üppig ornamentierte Goldgeschmeide zum Preis eines Kleinwagens funkeln um die Wette. Frisch gepflückte Rosen werden als Schmuck zu Kränzen gebunden, ganz so, als sei man in der Südsee. Eine Familie will unbedingt ein Foto machen und setzt einem hierfür den Rosenschmuck auf den Kopf. Die Frauen scheinen unter ihren Schleiern zu lächeln und bedeuten einem, dass man den Blumenkranz als Geschenk behalten soll. Und so wandelt man, begleitet vom betörenden Rosenduft, weiter durch die Nacht.

Mekka und Medina

DIE WIEGE DES ISLAM

Mit den beiden heiligsten Städten Mekka, dem Geburtsort des Propheten Mohammed, und seiner Grabstätte in Medina ist Saudi-Arabien das Kernland des islamisch-arabischen Kulturraums. Einmal im Leben, so heißt es, soll jeder gläubige Muslim diese Orte besuchen.

Oben: In Richtung Mekka trennen sich die Wege von Muslimen und Nichtmuslimen. Linke Seite: am Berg Uhud, nördlich von Medina.

Zeit ist für Muslime von größter Bedeutung. Deshalb schauen sie in keiner Stadt der Welt so oft auf die Uhr wie in Mekka. Schließlich lässt kein Pilger auch nur eine der fünf vorgeschriebenen Gebetszeiten am Tag aus. So entschied sich König Abdullah im Jahr 2006 auch dafür, auf dem höchsten der sieben Hoteltürme am Fuß der al-Harām-Moschee die größte Uhr der Welt errichten zu lassen. Federführend waren dabei zwei schwäbische Firmen: das Architekturbüro von Bodo Rasch aus Leinfelden-Echterdingen und die Turmuhr-Manufaktur Perrot aus Calw im Schwarzwald.

DER BIG BEN VON MEKKA

Der Royal Clock Tower ist mit 601 Metern das zurzeit höchste Gebäude Saudi-Arabiens und wird wegen seiner Turmuhr auch »Big Ben von Mekka« genannt. Mit dem signifikanten Unterschied zum Londoner Original, dass seine Minutenzeiger 22 Meter, seine Stundenzeiger 17 Meter lang sind und jedes der in alle vier Himmelsrichtungen weisenden Zifferblätter einen Durchmesser von 43 Metern hat. Nachts leuchten die Ziffern der von Solarkollektoren betriebenen Turmuhr grün, tagsüber weiß. Die Zeit lässt sich so noch in acht Kilometern Entfernung ablesen.

Dabei war es den Saudis wichtig, dass mit der Uhr neben der Greenwich Mean Time ein zweiter Zeitstandard eingeführt wurde. Denn nun können Muslime auf der ganzen Welt erfahren, wann mit der aufgehenden Sonne in Mekka der Ramadan beginnt, wann das Fasten nach Sonnenuntergang gebrochen werden kann oder wann die fünf täglichen Gebete in Richtung Mekka durchgeführt werden sollen.

PILGER AUS DER GANZEN WELT

Bislang steht ganz Mekka lediglich Muslimen offen. Schon auf der Autobahn wird der Verkehr dementsprechend ausgeschildert und die Zufahrt zur Stadt kontrolliert. Jedes Jahr kommen an die 2,5 Millionen Muslime aus der ganzen Welt zur großen Pilgerfahrt, auch »Hadsch« genannt. Mindestens einmal im Leben soll das jeder Muslim gemacht haben, so heißt es in den fünf Säulen des Islam, den wichtigsten Regeln für gläubige Mus-

Links und rechte Seite: Jahr für Jahr pilgern rund 2,5 Millionen Muslime zur Hadsch – der großen Pilgerfahrt – nach Mekka. Das wichtigste Wallfahrtsziel ist die würfelförmige Kaaba im Hof der al-Harām-Moschee, als »Haus Gottes« das zentrale Heiligtum des Islam.

lime. Dazu gehören auch das öffentliche Glaubensbekenntnis, das tägliche rituelle Gebet, die soziale Spende und das Fasten während des Ramadan.

Zur Hadsch tragen Männer nach der rituellen Waschung ein weißes, zweiteiliges Tuch. Eines wird um die Taille gewickelt, das andere über die Schultern drapiert, während Frauen mit langen Gewändern bekleidet sind. Die einfache Kleidung soll Einheit und Gleichheit in ihrer Gemeinschaft symbolisieren.

ZENTRALES HEILIGTUM DES ISLAM

Schon seit jeher hatten Religionsgelehrte großen Einfluss auf die Bevölkerung. Mekka war früher multireligiös, in der Kaaba wurden mehrere Gottheiten verehrt. Erst dem um das Jahr 570 in Mekka geborenen Propheten Mohammed gelang es, sich gegen die Vielgötterei zu wenden und die unterschiedlichen Stämme Saudi-Arabiens im Glauben zu vereinen. Vor mehr als 1000 Jahren zerstörte er alle Götzenbilder in der Kaaba, ritt siebenmal um die Kaaba herum und machte den würfelförmigen, heute mit einem Vorhang verdeckten Kubus im Innenhof der aus dem 7. Jahrhundert stammenden al-Harām-Moschee zum heiligsten Ort des islamischen Glaubens. Am Beginn und am Ende der Hadsch steht deshalb die siebenmalige Umrundung gegen den Uhrzeigersinn der Kaaba, deren Inneres für die Öffentlichkeit nicht zugänglich ist und die nur für eine Reinigungszeremonie zweimal im Jahr geöffnet wird. In ihrem Inneren stützen drei Säulen den sogenannten Buße-Raum, der mit Duftöl parfümiert wird und dessen Wände bis zur halben Höhe mit Marmor verkleidet sind. Darin eingelassen wurden Tafeln mit Koranversen.

MEDINA

Die zweitwichtigste Stadt des Islam, Medina, beherbergt die Grabstätte von Mohammed. Dieser musste aus Mekka fliehen und diktierte Schreibern in Medina den Koran, wodurch er zum Religionsstifter des Islam wurde.

Medinas Stadtzentrum war lange Zeit ebenfalls nur Muslimen vorbehalten, ist aber seit 2019 auch für Touristen jeglichen Glaubens zugänglich. Nur die Prophetenmoschee mit den Gräbern Mohammeds und der islamischen Führer Abu Bakr und Umar ibn al-Chattab dürfen nach wie vor nur Muslime betreten.

VORHUT EINES NEUEN ARABIEN?

Saudi-Arabien gilt als besonders strenggläubig. Staatsreligion ist der Wahhabismus, dem etwa 90 Prozent der Bevölkerung angehören. Zugleich aber gehört Saudi-Arabien mit den Vereinigten Arabischen Emiraten, Bahrain und Ägypten zu den Staaten, die sich als Vorhut eines neuen Arabien verstehen. Durch das Aufbegehren der Bevölkerung im Arabischen Frühling erscheint religiöse Toleranz nun Pflicht, will man einer wachsenden, jungen Bevölkerung politische Stabilität, Sicherheit und Fortschritt garantieren.

FAKTEN & INFORMATIONEN

Wer auch als Nichtmuslim einen Blick direkt in die heiligsten Stätten des Islam zur Kaaba nach Mekka oder in die Prophetenmoschee nach Medina haben möchte, der kann sich eine Live-Schaltung von Koran TV ansehen: tvquran.com/de (Rubrik: Multimedia).

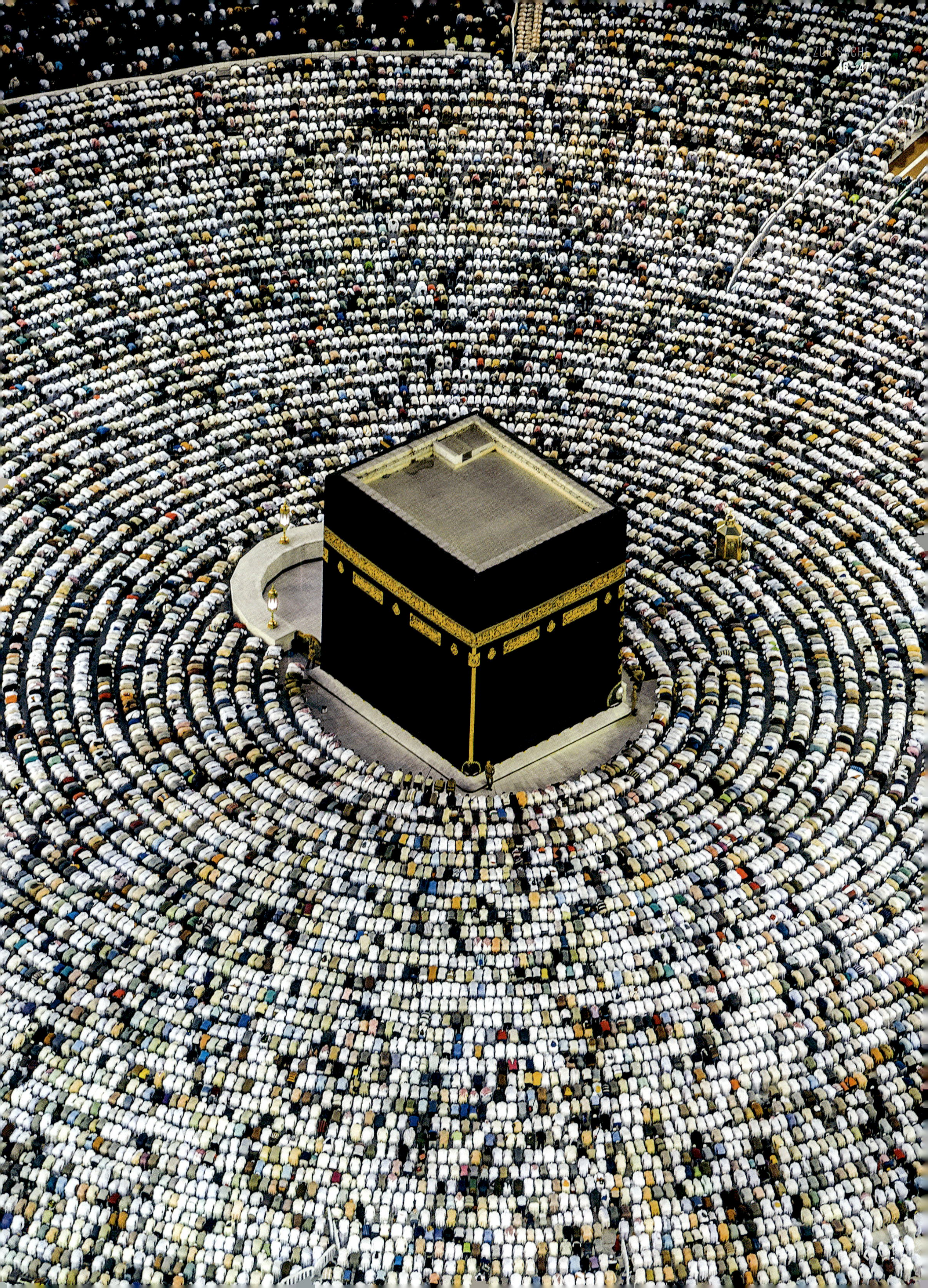

AL-MADĪNA
(MEDINA)
ĞIDDA
(JEDDAH)
MAKKA
(MEKKA)
AṬ-ṬĀ'IF
Madīnat al-Malik
'Abd Allāh al-Iqtiṣādīya
Historic Jeddah
Qalat al-Hafira
Qalat az Zubaidīyah
Rock Art
Birhat al-Khuraba Pool
Ukaz Suq
Ḥarrat Ḫaibar
Ḥarrat Rahaṭ
Ḥarrat Ḥaḍan
Ḥarrat al-Buqūm
Nafūd al-'Uraik
'Urūq Subai
Red Sea
Tihāmat
Yanbū' al-Baḥr
Yanbū' an-Naḫl
Badr wa-Ḥunain
Rābiġ
Ṯuwal
al-Bāḥa
Sabt al-'Ulyā
Maßstab 1:3.000.000
0
80 km
+2h Gr.Time
+3h Gr.Time

FRISCHE BRISE(N)

Das Leben in der Hafen- und Handelsstadt Dschidda findet weitgehend am Meer statt. Die Altstadtarchitektur der Roshan-Turmhäuser sorgt über lamellenartige Fensterbalkone für natürliche Belüftung. Mehr Kühlung erfährt man in den Bergen in Ta'if, der inoffiziellen Sommerhauptstadt Saudi-Arabiens.

1 DSCHIDDA (ĞIDDA)

Von 1517 bis zum Anfang des 20. Jahrhunderts wurde Dschidda (engl. *Jeddah*, 4,8 Mio. Einw.) vom Osmanischen Reich verwaltet und war Teil des unabhängigen Haschemitischen Königreichs Hedschas. Als »Tor nach Mekka« zog Dschidda schon seit Jahrhunderten Pilger, Händler und Abenteurer an. Die Handels- und Hafenstadt gilt deshalb seit jeher als besonders weltoffen. Dschidda ist bekannt für seine Roshan-Turmhäuser, die der Stadt ein ganz besonderes Flair verleihen. Seit 2021 wird die Formel-1-Weltmeisterschaft auf der Corniche ausgetragen. Entlang der Seepromenade gib es etliche Skulpturen von Künstlern wie Henry Moore, Victor Vasarely, Mustapha Senbel, Joan Miró und Jean Arp. Hingucker sind auch die vielen Kreisverkehre, die zu Kunstwerken gestaltet wurden.

SCHLAFENDER VULKANRIESE

Was für ein Anblick! Aus dem Zentrum des ***Wahbah Vulkankraters*** *mit seinem 2 km großen Durchmesser blitzt ein perlmuttfarbenes Salzfeld, zu dem man hinabsteigen kann. Vom Kraterrand an der Nordseite führen in Stein gemeißelte Treppenstufen 250 m tief hinab. Bei Regen verwandelt sich das 250 km nordöstl. von Dschidda gelegene Naturwunder in einen kleinen Salzsee, der einen herrlichen Kontrast zur grünen Vegetation am Rand bildet. Campen ist erlaubt, die Anfahrt über eine asphaltierte Straße möglich.*

Die Corniche in Dschidda: Blick auf die Abdul Qadir Faqih-Moschee und moderne Hochhausviertel.

SEHENSWERT

In den Gassen der Altstadt al-Balad, die zum Weltkulturerbe der UNESCO gehört, kann man etliche historische **Roshan-Turmhäuser TOPZIEL** von außen betrachten. Die Korallensteingebäude aus der zweiten Hälfte des 19. Jh.s haben holzverzierte Balkone mit lamellierten Fenstern. Das gab einst den Frauen Sichtschutz und diente auch der natürlichen Klimatisierung dieser Turmhäuser. Gebaut wurden sie von reichen Kaufleuten – besonders hoch und platzsparend für Mekka-Pilger.

Vieles im Viertel ist wegen Renovierung aktuell Baustelle. Auch das bereits bestens renovierte **Nassif-Haus** (1881) einer wohlhabenden gleichnamigen Kaufmannsfamilie kann man derzeit nur von außen sehen. Es soll aber als Museum zugänglich gemacht werden. König Abdul Asis nutzte es früher als königliche Residenz für Empfänge.

Der **Suk Al Alawi** in der Altstadt al-Balad (entlang der Al Dahab Str.) ist einer der größten im Land. Zwischen arabischem Schmuck, islamischer Kunst und traditioneller Kleidung findet man hier sicher ein Souvenir.

Beim Abendspaziergang an der **Corniche** blickt man beim Flanieren oder Picknicken auf die 312 m hohe **König-Fahd-Fontäne**, die höchste der Welt. Zudem lässt sich hier die kosmopolitische Stimmung der Stadt erleben. Ein wunderbares Bild ergibt auch die »schwimmende« **Al-Rahma-Moschee** (1985), die hinaus aufs Meer gebaut und nur über einen Steg erreichbar ist. Außerhalb der Gebetszeiten darf sie auch von Nichtmuslimen besucht werden.

MUSEUM

Das **Al Tayebat International City Museum** ist schon allein architektonisch ein interessanter Hingucker, weil im Stil traditioneller Roshan-Turmhäuser erbaut. Im Inneren präsentiert werden saudische Geschichte, Architektur, Inneneinrichtung und islamische Kunst (tgl. außer Fr. 8.00–12.00, 17.00–21.00 Uhr, Eintritt: 20 €, Al Faisaliyyah).

HOTELS

€€€€ Beit Jokhdar, Beit Al Rayess, Beit Kedwan

In drei renovierten historischen Roshan-Turmhäusern im Altstadtviertel al-Balad haben die Al Balad Hospitality Boutique-Hotels eröffnet, in denen man den Charme dieser heute mit vielen modernen Annehmlichkeiten ausgestatteten architektonischen Perlen erleben kann (Qabil Street, al-Balad District, albaladhospitality.com).

€€€€ Qasr Al Sharq

Der von Waldorf Astoria/Hilton geführte »Orientpalast« mit Blick aufs Rote Meer birgt orientalische Opulenz pur: Kronleuchter, schweres Mobiliar, edle Stoffe und kräf-

Yanbu im Abendlicht: In dieser Hafenstadt wohnte einst der legendäre »Lawrence von Arabien«.

tige Farben (North Corniche Road, hilton.com/de/hotels/jedwawa-waldorf-astoria-jeddah-qasr-al-sharq/).

€€ Four Points Sheraton Jeddah Corniche
Modern eingerichtete Zimmer mit Balkon und Blick aufs Meer. In Strandnähe gelegen, aber nicht an der Haupt-Corniche, sondern an der nördl. Corniche ca. 18 km von der Altstadt entfernt (Cornich Road, South Obhur District, marriott.com/en-us/hotels/jedfo-four-points-jeddah-corniche/).

RESTAURANTS

€€–€€€ Khayal Restaurant
Große Auswahl an authentischer Saudi-Küche, frisch vom Grill zubereitet und in großzügig-modernem Ambiente serviert (Aziziyah, Jeddah Park, khayalrest.com).

€€ Café Aroma
Was als italienisch inspiriertes Café begann, hat sich längst zu einer italienischen Restaurantikone gemausert und zieht nun seit fast 30 Jahren in der Nähe der König-Fahd-Fontäne Gäste an (Al Hamraa' Commercial Center, Corniche Road, Bezirk Al Hamra, caffearoma.com).

€ Hejaz Coffee House
In einem Innenhof zwischen historischen Roshan-Turmhäusern kann man hier im pittoresken Ambiente des Altstadtviertels von al-Balad günstig leckere saudische Gerichte schlemmen (Suk Al Alawi, Ecke Al Ma'amar Moschee, al-Balad-Viertel).

UMGEBUNG
Die Geschichte der rund 304 km nördl. von Dschidda gelegenen Hafenstadt **Yanbu** reicht fast 2500 Jahre zurück. In Yanbus Altstadt gibt es wie in Dschidda Roshan-Turmhäuser zu bewundern, eines davon bewohnte 1915/1916 der als »Lawrence von Arabien« bekannt gewordende britische Offizier, Archäologe, Geheimagent und Schriftsteller T. E. Lawrence. Das lange vernachlässigte Gebäude wurde inzwischen weißgekalkt und mit braunen Fenstergitterbalkonen renoviert, aber weil auf ihm ein Fluch liegen soll, ist es bislang nicht zugänglich. Hier in Yanbu am Roten Meer kann man exzellentes Seafood genießen.

INFORMATION
visitsaudi.com/de/see-do/destinations/jeddah

2 MEDINA (AL-MADĪNA)

Medina (1,4 Mio. Einw., rund 240 km östl. von Yanbu und ca. 390 km nördlich von Dschidda) wurde im 6. Jh. v. Chr. gegründet und ist die zweitwichtigste heilige Stadt des Islam. Mit Ausnahme der Prophetenmoschee, deren riesige grüne Kuppel sich über die Gräber des Propheten Mohammed sowie der islamischen Führer Abu Bakr und Umar ibn al-Chattāb wölbt, ist die Stadt inzwischen auch für Nichtmuslime überall zugänglich

SEHENSWERT
Von außen kann die **Prophetenmoschee** (622 n. Chr.), die Platz für bis zu 1 Mio. Pilger bietet, besichtigt werden. Beeindruckend ist das große Freigelände vor der Moschee mit dem größten computergesteuerten Klimadach der Welt aus 250 sandfarbenen Trichterschirmen. Die Schattenfläche umfasst 160 000 m². Entworfen wurde der intelligente Sonnenschutz, der die Temperatur auf dem Platz um bis zu 8 Grad Celsius senkt, von einem schwäbischen Architekturbüro.

UMGEBUNG
Der **Berg Uhud** (1077 m, 9 km nördl. von Medina) ist eine Pilgerstätte mit Märtyrer-Gräbern der Schlacht von Uhud (25 n. Chr.), in der Muslime aus Medina gegen eine Armee aus Mekka kämpften.

INFORMATION
visitsaudi.com/de/madinah

3 MEKKA (MAKKA)

Als Geburtsort des Propheten Mohammed (um 570–632) gilt Mekka (2,1 Mio. Einw., rund 90 km östl. von Dschidda) als heiligste Stadt und bedeutendster Wallfahrtsort des Islam. Wie die im 7. Jh. errichtete, auch Heilige oder Große Moschee genannte **al-Harām-Moschee**, die das islamische Zentralheiligtum der Kaaba umgibt, ist die ganze Stadt nur für Muslime zugänglich. Bereits auf der Autobahn wird der Verkehr dementsprechend ausgeschildert und die Zufahrt zur Stadt kontrolliert.

SEHENSWERT (FÜR MUSLIME)
Jedes Jahr kommen rund 2,6 Mio. Muslime aus der ganzen Welt zur großen Pilgerfahrt, auch »Hadsch« genannt (s. »Zur Sache: Die Wiege des Islam«, S. 44–47), in die heiligste Stadt des Islam. Die siebenmalige Umrundung der **Kaaba** gegen den Uhrzeigersinn steht dabei im Zentrum des islamischen Gebetsritus. Auf der Spitze des 601 m hohen **Royal Clock Towers** kann man sich einen VIP-Gebetsraum im größten Halbmond der Welt mieten.

INFORMATION
visitsaudi.com/de/destinations/makkah

4 TA'IF (AṬ-ṬĀ'IF,)

Eine erfrischende Erholung von der sommerlichen Hitze erfährt man in bergiger Region auf 1600 m Höhe in der Sommerhauptstadt Ta'if (563 282 Einw.), 176 km östl. von Dschidda gelegen. Man nennt den Ort auch »Stadt der Rosen«, denn hier befindet sich das Zentrum des Rosenanbaus. Die Anfahrt auf der kurvenreichen Bergstraße bringt manchen Nervenkitzel, besonders spektakulär ist der nächtliche

Blick auf die Bergkuppe von Al Hada, den die Straße fast komplett umkreist. Einen schönen Blick auf die Stadt hat man von der Seilbahnstation Telefric Al Hada. Sie beginnt auf dem Jabal Al Hada beim Ramada Al Hada Hotel und führt hinab in Richtung des Touristendorfs al Kar.

SEHENSWERT
Der **Shobra Palace** (1905) ist ein architektonisches Juwel. Fenster und Türen sind aus verziertem Holz im Roshan-Turmhaus-Stil gebaut. Der schneeweiß leuchtende Palast mit vier fast identischen Fassaden und 150 Räumen war einst eine Residenz von König Abdul Asis und später von König Faisal, die im Sommer ins kühlere Ta'if umzogen. Er soll als Museum eingerichtet werden, ist aber derzeit nur von außen zu besichtigen.

In der Stadt der Rosen lohnt der Besuch einer **Rosenfarm** (s. »Ja, natürlich«, rechts), auf der man im Frühjahr beim Herstellungsprozess der Rosenprodukte zusehen und viele auch erwerben kann.

Auch der **Suk Al-Balad** (7.00–23.00 Uhr) im Ortszentrum bietet alle möglichen Produkte rund um die Rose sowie Stoff-, Teppich-, Schuh- und Räucherwaren, Parfüms, Weihrauch und Goldgeschmeide.

HOTEL
€–€€ Velar Inn
Angenehme, modern eingerichtete Zimmer. Sehr schönes Open-Air-Dachterrassen-Restaurant unter Sonnenschutz (Airport Road, Al Hawiyah, velarinn.com/en).

RESTAURANT
€€–€€€ Khayal Restaurant
Eine große Auswahl an authentischer saudischer Küche, zeitgenössisch zubereitet und in ansprechendem Ambiente auch auf einer großen Freilufterrasse serviert (Al Qutbiyyah District – Tera Mall, khayalrest.com).

INFORMATION
visitsaudi.com/de/see-do/destinations/taif

Hochzeitsfeier in Ta'if: Musik, Tanz und ein üppiges Festmahl gehören zu den Feierlichkeiten.

IM NAMEN DER ROSE

Eine Landschaft ganz in Rosa gehüllt – das ist die Bergregion um Tai'f im Frühjahr, wenn etwa 300 Millionen Damaszener Rosen in voller Blüte stehen. Bereits im Morgengrauen kommen von Anfang März bis Ende April die Rosenpflücker zum Einsatz, denn die Blüten müssen noch vor Sonnenaufgang geerntet sein, weil später die Sonne den Duft aus den Rosen entweichen lässt.

Im steilen Berggebiet auf Höhenlagen von bis zu 2200 Meter entwickeln die Rosen, die ursprünglich vermutlich im 14. Jahrhundert mit den Osmanen ins Land kamen, einen einzigartigen Duftcharakter. Die Ta'if-Rosen gelten als kräftiger und frischer als andere, was eine besonders reichhaltige und samtige Essenz beim Öl entstehen lässt, welches das beste der arabischen Welt sein soll.

Rosenfarm bei Al Hada: Eine »Rose ist eine Rose ist eine Rose« (Gertrude Stein).

Im Destillationsprozess köcheln die Blüten im Wasser etwa sieben Stunden lang in Kupferkesseln, bis sich später Rosenöl in großen Glasballons absetzt. Etwa 12 000 Blüten benötigt man, um rund zwölf Gramm reines Tai'f-Rosenöl zu gewinnen, das unverschnitten im Verkauf bis zu 800 US-Dollar einbringen kann. Der Wettbewerb ist groß, denn die Nachfrage internationaler Parfümhersteller wächst, und auch für die Reinigung der heiligen Kaaba in Mekka wird nur das allerbeste Öl verwendet.

Die fünf großen Familien Al Qurashi, Al Gadhi, Al Kamal, Al Ghuraybi und Al Solhi bestimmen Ta'ifs Rosengeschäft. In den Fabriken können Besucher den Herstellungsprozess beobachten und sich mit Parfüms, Lotionen, Seifen oder Rosenwasser eindecken. Während der Erntesaison verfüttern manche Bauern Abfälle aus den Rosen-Destillerien an ihre Kühe. Deshalb schmeckt in Ta'if im Frühjahr sogar die Kuhmilch bisweilen etwas rosig ...

Informationen: Zum Ende der Ernte findet ein Rosenfest statt, visitsaudi.com/de/taif/stories/al-taif-roses

Im Norden

*

STUFEN ZUM HIMMEL

*

Die Region von AlUla steckt voller archäologischer und landschaftlicher Schätze: Palastartige Nabatäer-Gräber treffen auf eine Felsenbibliothek, bizarre Felsformationen auf Wadis und Wüstensand.

Beeindruckende Szenerie im Wadi Disah, dem »Grand Canyon von Saudi-Arabien«.

Wie eine natürliche Skulptur erhebt sich der rund 50 Meter hohe Elefantenfelsen (Jabal Al-Fil) aus der Landschaft von AlUla.

Muslime wendeten über Jahrhunderte den Blick ab vom antiken Hegra, der südlichen Hauptstadt der Nabatäer, weil diese angeblich den Zorn Allahs auf sich gezogen hatte. Die Nabatäer, ursprünglich ein Nomaden- und Händlervolk, die hier monumentale Felsengräber errichteten, glaubten an viele unterschiedliche Gottheiten und wollten sich nicht einem einzigen Gott unterwerfen. Sie belegten ihre Gräber mit Flüchen gegen all jene, die diese zu plündern trachteten. Wer hätte damals gedacht, dass diese für Saudi-Arabien fremde Kultur nun in unserem Jahrhundert zur größten archäologischen Touristenattraktion des Landes werden sollte?

Die handwerklich sehr versierten Nabatäer waren Meister darin, ihre Grabbauten so zu gestalten, dass sie das Sonnenlicht reflektieren und in vielfältigen Rot- und Ockertönen erstrahlen. Ihre in den Fels gehauenen Eingangsportale sehen aus, als habe jemand das Muster eines Siegelstempels tief in weiches Wachs gedrückt. Inspiriert von der Antike entwickelten die Steinmetze einen erstaunlichen Sinn dafür, eigene Kreationen mit Motiven und Symbolen aus anderen Kulturen zu vermischen: Hellenistisch-römisch inspirierte Säulengänge treffen auf abgestufte mesopotamische Zinnen- und Schanzenmuster oder pyramidenförmige Strukturen, die genauso an Ägypten erinnern wie die Adler, Schlangen und mythologischen Figuren, welche die Eingänge der Grabbauten bewachen.

DIE HERREN DER WEIHRAUCHSTRASSE

Die Nabatäer hatten es geschafft, die Weihrauch- und Gewürzstraße zwischen dem Mittelmeer und Südarabien zu kontrollieren, weil sie überlebenswichtige Wasserstellen kannten. Gegen Ende des 4. Jh. v. Chr. errichteten sie am Rande der Wüste ein riesiges Kö-

»Rawi«, lokale Geschichtenerzähler, vor den Felsgräbern im antiken Hegra.

nigreich, dessen politische Kapitale die Stadt Petra in Jordanien war. Im 1. Jh. v. Chr. zog das Beduinenvolk dann weiter in den Nordwesten der arabischen Halbinsel und erbaute dort als südliche Hauptstadt seines Königreichs Hegra, das heute auch »Madain Salih« genannt wird. Mehr als 130 äußerst kunstvoll in die Felsen gemeißelte Grabstätten überdauerten hier die Zeiten.

Seit die Felsengräber 2008 das erste UNESCO-Weltkulturerbe des Landes wurden, ließ die Royal Commission von AlUla bald darauf etwa 200 saudische Studentinnen und Studenten als sogenannte »Rawi« ausbilden. Diese örtlichen Geschichtenerzähler haben eine lange Tradition in der saudischen Kultur und wurden bereits in alten Zeiten für ihre Fähigkeit gefeiert, Zuhörer mit spannenden Erzählungen in ihren Bann zu ziehen: »Reisen. Es lässt dich sprachlos, dann verwandelt es dich in einen Geschichtenerzähler«, schrieb schon der Weltenbummler Ibn Battuta, als er 1326 die arabische Halbinsel erkundete. Das Areal der Felsengräber wurde zum besseren Schutz weiträumig eingezäunt. Eine Straße verbindet ausgewählte Gräber, Besucher können nur im Rahmen einer geführten Tour das Terrain betreten. Bei jedem Felsengrab treffen sie auf einen Rawi, der ihnen die Geschichte der dort bestatteten Familien erzählt.

DAS WÜSTENSCHLOSS

Wedad, eine saudische Studentin, die die traditionelle Kleiderordnung recht fortschrittlich auslegt, arbeitet als Rawi. Die Abaya trägt sie offen, darunter kommen eine beige Pluderhose und Sneakers zum Vorschein. Als Sonnenschutz dient ein weitkrempiger Strohhut, die Augen sind hinter einer dunklen Sonnenbrille verborgen. Entschlossenen

Teepause vor der nächsten Besichtigung eines Weltkulturerbes: im antiken Hegra.

Felsgräber der Nabatäer im antiken Hegra: Die in den Stein gemeißelten Portale sind bis zu 22 Meter hoch.

Schrittes führt sie durch ihr Revier und erzählt, dass die bis zu 22 Meter hohen Felsportale von oben nach unten gemeißelt wurden und im Inneren meist aus nur einem Saal mit Grabnischen bestehen. Inschriften verweisen auf die bestatteten Personen, Dekorationen auf deren jeweiligen Status.

Highlight und das größte der Felsengräber ist das etwas abseits gelegene Qasr Al-Farid, das sogenannte Wüstenschloss. Es blieb unvollendet und wirft die Frage auf, was wohl mit der Familie geschehen sein mag. Vier mächtige Pilaster tragen breite Gesimse, darüber sollen fünf beidseitig in den Giebel gehauene Stufen die Seele direkt hinauf ins himmlische Jenseits geleiten. »Die Stufen zum Himmel«, sagt Wedad. Die Treppen wie die Grabbeigaben oder die Prunkfassaden sprächen zwar dafür, dass die Nabatäer an ein Fortleben nach dem Tode glaubten, fügt sie hinzu. Doch in welche Gefilde die Toten nach nabatäischem Glauben genau übergingen, wisse man nicht, weil es an Textbelegen mangle.

Sprachliche Zeugnisse finden sich hingegen im schattigen Felsental von Jabal Ikmah, wo sich verschiedene Zivilisationen mehr als 2500 Jahre lang mit Inschriften, Reliefs und Felszeichnungen in Aramäisch, Nabatäisch und anderen uralten Sprachen verewigten. Deshalb wird der Ort auch scherzhaft als »Twitter vergangener Zeiten« bezeichnet. Auf die Zivilisation der Dadan und Lihyan, die Mitte des 1. Jahr-

Oben: Auch die Petroglyphenfunde in der Provinz Ha'il, am Rand der Wüste Nefud, gehören zum UNESCO-Weltkulturerbe.

Unten: Die im Felsental von Jabal Ikmah liegenden Funde könnten bis zu 2500 Jahre alt sein.

Qasr Al-Farid, »das Wüstenschloss«: Neben dem jordanischen Petra gehört das antike Hegra zu den am besten erhaltenen Zeugnissen nabatäischer Kultur.

tausends vor Christus noch vor den Nabatäern in der Region ihren Zenit erreichten, deuten von Löwenfiguren umrahmte Felsengräber.

Erst im Jahr 1983 verließen die letzten Einheimischen die Altstadt von AlUla, deren 900 dicht gedrängte Lehm- und Steinbauten nun für den Tourismus restauriert und mit Geschäften, Restaurants sowie Hotels wiederbelebt werden. Besonders gelungen ist ein Lehmziegelhaus mit historischer Tantora: einer Sonnenuhr, die in Form eines Obelisken in die Gebäudewand eingebettet ist. Sie zeigt den Einwohnern seit Jahrhunderten zuverlässig die Tages- und Jahreszeiten an. So auch den Beginn der Winterpflanzensaison, eine kulturell bedeutsame Zeit, die auch heutzutage noch gegen Ende Dezember mit verschiedenen Feierlichkeiten begangen wird.

SPIEGEL DER NATUR

Kaum weniger spektakulär ist die Kulisse von Maraya, einem verspiegelten Quader mit fast 10 000 Quadratmetern Außenfläche. Dabei handelt es sich um das größte Spiegelgebäude der Welt, das man als Konzertsaal und Ausstellungsgebäude mitten in die Wüste gestellt hat, wo es weitgehend unsichtbar bleibt. Die umliegenden Sanddünen, Felsendome und der sich darüber blau wölbende Himmel vervielfachen sich darin und reflektieren je nach Tageszeit und Standort des Betrachters eine andere Lichtstim-

In 80 Tagen um die Welt? Das eher nicht – aber auch so ist es ein unvergessliches Erlebnis, im Heißluftballon über der Landschaft von AlUla zu fahren.

Unterwegs im Wadi Disah, einer der faszinierendsten Naturlandschaften Saudi-Arabiens.

Wie eine Fata Morgana steht die verspiegelte Maraya Concert Hall in der sie umgebenden Felslandschaft.

mung – fast wie eine Fata Morgana. Eine Verbindung zwischen Historie und Moderne zu schaffen, fällt Tourismusplanern demnach nicht schwer. Längst wird die spektakuläre Landschaft für großangelegte Events und Kunstfestivals (s. Special, rechts) genutzt.

MAGISCHE MOMENTE UND EIN SPEKTAKULÄRES RESORT

Von AlUlas Landschaft hebt sich ein in Millionen von Jahren durch Wind und Wetter geformter Felsen ab, der wie ein riesiger Elefant in der Wüste steht und praktischerweise ganz entspannt von Cafés mit Sitzgelegenheiten aus betrachtet werden kann. Magische Momente schaffen Kerzenlichter, mit denen die Locations stimmungsvoll beleuchtet werden, oder Festivals, bei denen Hunderte von Heißluftballons über die Landschaft schweben.

»AlUla ist ein Museum. Jedes Wadi und jeder Steilhang, jede Sandfläche und jeder felsige Umriss, jede geologische und archäologische Stätte verdient die größte Beachtung«, meint Stararchitekt Jean Nouvel. Für seinen spektakulären Neubau des Sharaan-Resorts wurden Felsen ausgehöhlt, um den Baustil der Nabatäer nach innen zu kehren. Während die Nabatäer noch Natur in Architektur verwandelten, indem sie ihre Häuserfassaden ins Gestein schlugen, versteckt Nouvel seine Architektur auf höchst kunstvolle Art im Inneren des ausgehöhlten Felsmassivs. Damit bleibt die Natur fast unberührt, ist das Resort doch von außen kaum zu erkennen. Das Motto beim Eintritt ins neue Sharaan lässt sich auf Saudi-Arabien übertragen, das so lange vor der Welt verschlossen war: »Sesam, öffne dich!«

KUNST IN DER WÜSTE

Inmitten spektakulärer Wüstenlandschaft entsteht alle zwei Jahre eine temporäre moderne Kunstgalerie.

Künstler in der Wüste gab es schon seit jeher in AlUla. Davon zeugen beispielsweise mehr als zweitausend Jahre alte Felszeichnungen. Auch die Wüste selbst mit ihren sich permanent verändernden Sanddünen, in die der Wind vergängliche abstrakte Muster zeichnet, gleicht einem natürlichen Kunstwerk. Der Interaktion von Kunst und Natur in einem eher monumentalen Maßstab widmet sich alle zwei Jahre (2026, 2028 ...) auch das von Februar bis März stattfindende Kunstfestival Desert X AlUla, das jeweils unter einem bestimmten Motto steht und an drei verschiedenen Orten innerhalb der Wüstenoase Auftragsarbeiten internationaler wie saudi-arabischer Künstler präsentiert. Dabei entstehen Werke, die bleiben, an neue Orte verlegt werden oder wie eine Fata Morgana wieder ganz aus der Wüste verschwinden.

experiencealula.com/en/whats-on/events/desert-x

Essen bei Einheimischen

ESST! ESST!

In der islamischen und beduinischen Kultur gilt es als besondere Wertschätzung, Reisende oder Besucher zu bekochen. Die kulinarische Kultur des Landes kann man bei einer spontanen Essenseinladung genauso erleben wie bei einem gebuchten Event.

Oben und rechte Seite: Einheimische bitten zu Tisch – und erfreuen ihre Gäste mit herzlicher Gastlichkeit.

Hohe Mauern schützen vor neugierigen Blicken und sorgen dafür, dass die Großstadtgeräusche draußen bleiben. Man fragt sich, wie es wohl sein mag, wenn man als Gast in ein solches Privathaus gebeten wird. In der Großstadt hatten ausländische Touristen bislang selten das Glück, dass sich ihnen solche Tore öffneten. Bis die Geschäftsfrau Noura Al-Sadoun ein Modell adaptierte, das sie auf ihren vielen Auslandsreisen kennengelernt hatte, und das sie nun auch in Saudi-Arabien etablieren möchte: Essen bei Einheimischen. Mehr als 500 Saudis haben sich bislang auf Nouras Veranstalterseite HiHome registriert und bieten gegen Bezahlung Bewirtungen an, damit ihre Gäste mehr über Kultur und Gesellschaft des Landes erfahren können.

DATTELN VON DER EIGENEN FARM

Langsam öffnet sich das Tor zum Innenhof einer Villa im Außenbezirk von Riad, wo einen die Gastgeberin Hind mit duftenden Rauchschwaden aus dem Weihrauchbrenner willkommen heißt. Drinnen wird man von ihren Kindern Nada, Saad und Neffe Mohamed in den Empfangsraum, das sogenannte Majlis, begleitet – ausgestattet mit handgefertigten Teppichen, bequemen Sofas und flachen Tischen. Zur Begrüßung und Vorstellung der Runde gibt es arabischen Kaffee und Datteln von der eigenen Farm. Nada will uns unbedingt Deutsch reden hören. Weil sie den Klang der Sprache so mag, hat sie im Internet mit einem Sprachkurs begonnen.

DER TELLER DES GASTES MUSS IMMER GUT GEFÜLLT SEIN

Im Nachbarraum steht bereits ein mit Tellern und Besteck gedeckter Tisch, etliche Platten sind mit Delikatessen gefüllt. Es gibt Sambosa, knusprige Dreiecke aus Teigtaschen mit herzhaften Füllungen oder Mashkoor-Reis mit Shrimps, Kabli-Reis mit Lamm und grünen Salat verfeinert mit Granatapfel und Erdbeeren. Unsere Gastgeber essen nicht mit uns. Das ist

nicht unhöflich gemeint – sie wollen nur nicht mit vollem Mund sprechen, wenn sie uns die saudischen Speisen erklären. »Esst! Esst!«, sagt Hind. Der Teller des Gastes muss immer gefüllt sein. Deshalb gehört es zur guten Sitte, dass man seinen Teller nie leer isst.

ESSEN IM SCHNEIDERSITZ

Bei spontanen Essenseinladungen, sei es zu einer Hochzeitsfeier oder zur Kaffeepause im Beduinenzelt, wird mehr improvisiert. In großer Runde nimmt man auf dem mit Teppichen ausgelegten Boden Platz – Männer und Frauen in getrennten Räumen, sodass man die Köchin des Hauses oft gar nicht zu Gesicht bekommt. Meist sitzt man im Schneidersitz oder zumindest so, dass die Fußsohlen unsichtbar bleiben, um eine Bastmatte, auf der eine riesige Platte mit Reis, Gemüse und Fleisch aufgetragen wird. Vor dem Essen steht das Händewaschen an. Gegessen wird ausschließlich mit der rechten Hand, die linke Hand gilt in islamisch geprägten Gesellschaften als unrein, denn mit ihr wird die Reinigung nach dem Toilettengang vorgenommen. Brot wird zum Tunken und zur Aufnahme der Speisen verwendet und ersetzt in der arabischen Welt oft das Besteck.

BLEIBENDE RITUALE

»Bil afyiah – Gute Gesundheit« wünscht man sich allseits und beginnt am Rand der Platte Reis, Gemüse und ein Stück Huhn so mit den Fingern der rechten Hand zu einer kleinen Portion zu formen, dass man diese mit Hilfe des Daumens anschließend in den Mund befördern kann.

Eine private Einladung gilt als höchste Wertschätzung, weshalb es üblich ist, diese zunächst höflich abzulehnen. Erst ein mehrfach wiederholtes Angebot ist auch wirklich ernst gemeint. Wird man hingegen nach dem gemeinsamen Essen mehrmals zum Bleiben aufgefordert, ist es höchste Zeit, sich zu verabschieden. Denn auch das ist Teil des Rituals.

Köstlichkeiten der saudischen Küche: Wer könnte da schon widerstehen?

FAKTEN & INFORMATIONEN

HiHome: Essen bei Einheimischen kostet je nach Menü ab 60 Euro pro Person, hihome.sa/en.

Nationalgericht Kabsa: Der Reis erhält mit Safran seine gelbe Färbung und mit Gewürzen wie Kardamom, Zimt, Nelken und schwarzer Limette sein Aroma. Dazu kommen je nach Region Hühnchen, Fleisch oder Fisch.

Tharid: Der herzhafte Brotauflauf besteht aus kleinen Stückchen Khubz (Brot), die mit verschiedenem Gemüse in Hühner- oder Fleischbrühe gegeben und mit typischen saudi-arabischen Gewürzen abgeschmeckt werden.

Jareesh: Diese Art von Porridge ist ein Traditionsrezept aus gemahlenem Weizen, Reis, Fleisch oder Hühnchen. Gewürzt mit schwarzem Pfeffer, getrockneten Limetten, Zimt und manchmal Nelken, wird es mit reichlich karamellisierten Zwiebeln garniert.

Masabeb: Nachspeisen sind in Saudi-Arabien süße Sünden. Die aus Mehl, Öl und Gewürzen gebackenen Mini-Pfannkuchen werden mit Honig und Butter gegessen.

Saudi-Champagner: Frische Säfte und alkoholfreie Cocktails bereichern das Sortiment. Für »Saudi-Champagner« nimmt man sprudeliges Mineralwasser, Apfelsaft, Eis, kleingeschnittene Äpfel und Orangen, Minzblätter und etwas Zitronensaft. Fertig ist der saudische Schampus!

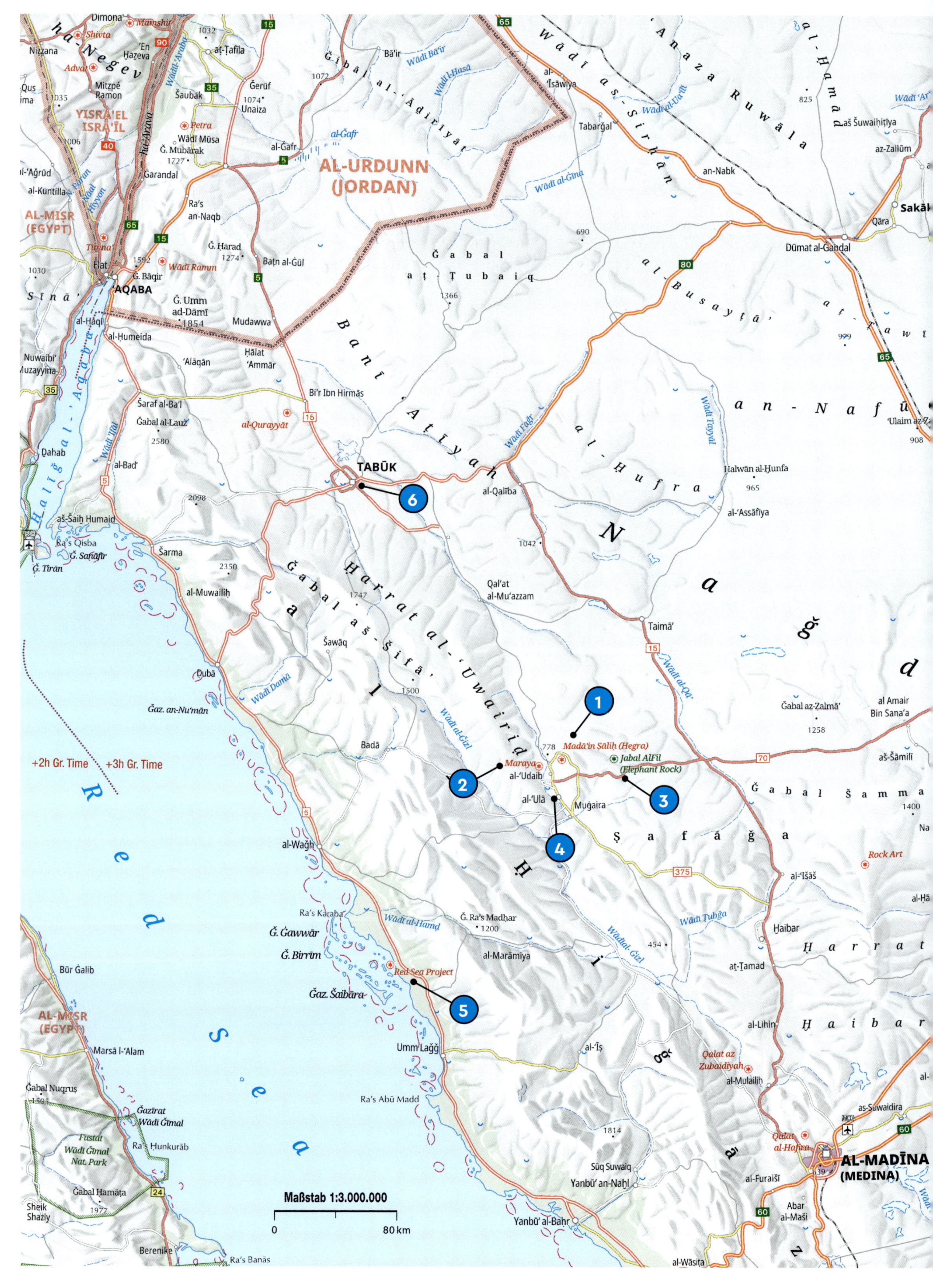

ha-Negev
Dimona
Mamšit
Shivta
Nizzana
'En Haẓeva
Advat
Mitzpé Ramon
YISRA'EL ISRA'ĪL
Petra
Wādī Mūsa
Ǧ. Mubārak
Šaubak
aṭ-Ṭafīla
Ǧerūf
Unaiza
Garandal
Ra's an-Naqb
Ǧ. Harad
Baṭn al-Ġūl
Mudawwa
Ḥālat 'Ammār
Ǧ. Umm ad-Dāmī
AQABA
Elat
Timna
Wādī Ramm
G. Bāqir
al-Kuntilla
AL-MIṢR (EGYPT)
Sīnā'
al-Ḥaql
al-Ḥumeida
Nuwaibi'
Muzayyina
Dahab
'Alāqān
Šaraf al-Ba'l
Ǧabal al-Lauz
al-Bad'
Ḫalīǧ al-'Aqaba
aš-Šaih Humaid
Ra's Qisba
Ǧ. Ṣanāfīr
Ǧ. Tīrān
Šarma
al-Muwailiḥ
Ḍubā
Ǧaz. an-Nu'mān
+2h Gr. Time
+3h Gr. Time
Red Sea
al-Waǧh
Ra's Karaba
Ǧ. Ġawwār
Ǧ. Birrīm
Ǧaz. Šaibāra
Red Sea Project
Umm Laǧǧ
Ra's Abū Madd
Bādā
Ǧibāl al-'Aḍiriyāt
Bā'ir
Wādī Bā'ir
Wādī l-Ḥasā
al-Ǧafr
AL-URDUNN (JORDAN)
Ǧabal aṭ-Ṭubaiq
Banī 'Aṭīyah
Bi'r Ibn Hirmās
al-Qurayyāt
TABŪK
Ǧabal aš-Šifā'
Ḥarrat al-'Uwairiḍ
Šawāq
al-Qalība
Qal'at al-Mu'azzam
Taimā'
Wādī al-Qā'
Madā'in Ṣāliḥ (Hegra)
Maraya
Jabal AlFil (Elephant Rock)
al-'Udaib
al-'Ulā
Muġaira
Wādī al-Ǧizl
Ḥiǧāz
Ǧ. Ra's Madḥar
al-Marāmīya
Wādī al-Ḥamḍ
al-'Īṣ
Wādī 'Anaza
Wādī as-Sirḥān
'Anaza Ruwāla
al-'Īsāwīya
Tabarǧal
an-Nabk
al-Ḥamād
aš-Šuwaihiṭīya
az-Zallūm
Sakāka
Qāra
Dūmat al-Ǧandal
al-Busayṭā'
aṭ-Ṭawīl
an-Nafūd
'Ulaim az-Zamāl
Wādī Ṭayyal
Wādī Faǧr
al-Ḥufra
Ḥalwān al-Ḥunfa
al-'Assāfīya
Naǧd
Ǧabal az-Zalmā'
al Amair Bin Sana'a
aš-Šāmilī
Ǧabal Šamma
Ṣafāǧa
Rock Art
al-'Īšāš
Wādī Ṭubǧa
Ḫaibar
Ḥarrat Ḫaibar
aṭ-Ṭamad
al-Lihin
Qalat az Zubaidiyah
al-Mulailiḥ
as-Suwaidira
Qalat al-Hafira
AL-MADĪNA (MEDINA)
al-Furaišī
Abar al-Maši
al-Wāsiṭa
Sūq Suwaiq
Yanbū' an-Naḫl
Yanbū' al-Baḥr
Būr Ġālib
Marsā l-'Alam
Ǧabal Nuqruṣ
Ǧazīrat Wādī Ǧimāl
Fustat Wādī Ǧimāl Nat. Park
Ra's Ḥunkurāb
Ǧabal Ḥamāṭa
Sheik Shazly
Berenike
Ra's Banās
Maßstab 1:3.000.000
0
80 km
1
2
3
4
5
6

LAND DER LEGENDEN

Die Oase AlUla ist Saudi-Arabiens touristisches Kronjuwel. Die Felsengräber der Nabatäer sind das erste Weltkulturerbe des Landes, noch älter sind die Zeugnisse der Königreiche von Dadan und Lihyan. So entstand in dieser Oase eine einzigartige, heute wie ein riesiges Freiluftmuseum zu erlebende Natur- und Kulturlandschaft.

In der fruchtbaren, von Sandsteinfelsen umgebenen, 22 561 km² großen Oase AlUla (heute ca. 30 000 Einw.), nordwestlich von Medina am Schnittpunkt wichtiger Handels- und Pilgerrouten gelegen, ließen sich schon früh Menschen nieder, die hier Wasser zum Überleben fanden. Auf das Nomadentum der ersten Jäger und Sammler folgte die landwirtschaftliche Nutzung der natürlichen Ressourcen des Oasentals; der kommerzielle und kulturelle Austausch etwa entlang der Weihrauchstraße brachte vermehrten Wohlstand, förderte das Wachstum von Siedlungen sowie die Entstehung neuer Ausdrucksformen auch in Kunst und Kultur.

AlUla (Old Town): Rund 900 historische Lehm- und Steinhäuser stehen dicht gedrängt.

SEHENSWERT

Wie die weltberühmte Felsenstadt Petra im heutigen Jordanien ist auch die antike Stadt Hegra – als archäologische Stätte ① **Al-Hijr (Madain Salih)** Saudi-Arabiens erstes Weltkulturerbe der UNESCO – den Nabatäern zu verdanken. Diese zogen einst als Nomaden durch Nordwestarabien, machten Hegra – im 1. Jh. v. Chr. gen Süden expandierend – zur zweitgrößten Stadt (nach Petra) ihres Königreiches und ließen sich in monumentalen, auch im Koran erwähnten **Felsengräbern TOPZIEL** bestatten. Highlight und größtes Grab der Ausgrabungsstätte ist das in einen freistehenden Monolithen gemeißelte **Qasr Al-Farid**, das seinen Namen (»einsames Schloss«) seinem imposanten Aussehen verdankt. Die Nabatäer schlugen palastähnliche, bis zu 22 m hohe Eingangsportale in das Felsmassiv und vermischten bei der Gestaltung von Säulen und Verzierungen eigene Kreationen mit Motiven und Symbolen anderer Kulturen.

Ein schattiges Tal als »offene Bibliothek der Zeit«: Jabal Ikmah.

In einem der Gräber entdeckte man im Jahr 2008 eine mumifizierte, etwa 30 Jahre alte Frau namens Hinat, deren wissenschaftlich modelliertes Abbild im Museum des Hegra Visitor Centers zu sehen ist und zeigen soll, wie eine Nabatäerin vor 2000 Jahren aussah. Als Grabbeigabe trug sie eine Kette aus Datteln, die darauf hinweist, wie bedeutend diese Früchte in der Wüste waren. Das Areal ist weiträumig eingezäunt, Besuchende können die Felsengräber nur im Rahmen einer geführten Tour besichtigen (Tickets im Hegra Visitor Center, 1 Std. ab 38 €).

② **Maraya TOPZIEL** heißt auf Arabisch »Spiegel« und ist mit seiner 10 000 m² umfassenden Außenfläche der größte Spiegelbau der Welt. Dabei handelt es sich um ein futuristisch designtes Konzert- und Ausstellungsgebäude, das die Architekten von Gio Forma 2019 in die Wüste setzten und in dem sich die umliegende Landschaft mit ihren Sanddünen und Felsendomen spiegelt, sodass das Gebäude selbst weitgehend unsichtbar bleibt (marayaalula.com).

Beim ③ **Elefantenfelsen (Jabal Al-Fil)** schafft hingegen die Natur Kunst: Die Felsformation in Gestalt eines riesigen Dickhäuters ragt aus dem Wüstensand und wird nachts sanft beleuchtet. Im Café »Key« oder im Restaurant »Sun Sand Salt« hat man einen besonders schönen Blick auf den Felsen.

In einem schattigen Tal am Berg **Jabal Ikmah** findet man Hunderte alter, in die Felsen geritzte Inschriften, die Pilgerreisen, Rituale und Opfergaben beschreiben. Diese »offene Bibliothek« ist bis zu 2500 Jahre alt, ermöglicht Einblicke in die Entwicklung alter arabischer Sprachen und Dialekte und wurde 2023 als »Zeugnis von außergewöhnlichem Wert« in die Liste des Weltdokumentenerbes der UNESCO (»Memory of the World«) aufgenommen.

Vom mächtigen Königreich Dadan, das rund fünf Jahrhunderte lang hier herrschte, ehe es vor ca. 2500 Jahren an die Könige des Stammes Lihyan überging, die noch bis ins 1. Jhd. v. Chr. vor den Nabatäern regierten, sind bislang erst etwa zehn Prozent aller Fundorte erschlossen. Darunter die von **Löwenfiguren** umrahmten **Felsengräber** der Dadan-Zivilisation.

Etwa 10 km südl. des antiken Hegra liegt 4 **AlUla (Old Town)**. Die letzten Familien verließen die Altstadt erst im Jahr 1983. Die dichtgedrängten etwa 900 historischen Lehm- und Steinbauten werden aktuell restauriert. In einige von ihnen sind bereits Hotels, Restaurants, Cafés und Geschäfte eingezogen, die vorwiegend touristisch genutzt werden. Die Altstadt ist nicht mit dem Auto erreichbar. Von einem Sammelparkplatz aus wird man per Golfmobil zum Ortseingang gebracht.

Mit einem spektakulären Pool zwischen Felswänden lockt die Luxusherberge Habitas.

ERLEBEN

Im **Adventure Hub AlUla** lassen sich ganz besondere Erlebnisse organisieren: in einem Heißluftballon in 1200 Metern über der Oase schweben, auf einem Pferd durch die Dünen reiten, den nächtlichen Sternenhimmel bewundern, mit der Zip-Line über Felsformationen gleiten oder Open-Air-Weltklassekonzerte hören (experiencealula.com/en/about/about-alula/adventure).

VERANSTALTUNGEN

Desert X AlUla (s. Special, S. 59) ist ein alle zwei Jahre (Feb.–März) stattfindendes Kunstfestival, bei dem temporär moderne Kunst in spektakulärer Wüstenlandschaft entsteht.

Das **Tantora-Fest** in der Altstadt von AlUla (21.–26.12.) hat seinen Namen von der historischen Sonnenuhr, die man in Form eines Obelisken in die Gebäudewand eines der Lehmziegelhäuser eingebettet findet. Seit Jahrhunderten zeigt sie die Tages- und Jahreszeiten an, auch den Beginn der Winterpflanzensaison – eine kulturell besonders bedeutende Zeit, die Ende Dezember mit Feierlichkeiten begangen wird.

AlUla Skies Festival: Im April/Mai findet das Heißluftballonfestival statt, bei dem bis zu 60 Heißluftballons gleichzeitig abheben können.

HOTELS

€€€€ Habitas

Glamping auf die ganz luxuriöse Art in geräumigen Villen-Zelten, die es an keinem Komfort fehlen lassen, oder in Airstream-Caravans. Spektakulärer Pool zum Schwimmen zwischen Felsenwänden (Ashar Valley, ourhabitas.com).

€€€ Dar Tantora

Historisches Flair und eine Einladung, die Geschichte der Altstadt von AlUla zu erleben, erfährt man in einem behutsam restaurierten Lehmziegelgebäude, zu dem auch die historische Sonnenuhr Tantora gehört. Die Zimmer sind mit traditionellem Dekor und einem Minimum an moderner Technik ausgestattet. Im Boutique-Hotel der Marke House Hotel der Kerten Hospitality findet man auch ein wunderschönes Dachterrassen-Restaurant (375 Old Town, 43562, AlUla, dartantora.co).

€€€ Shaden Resort

In dem von Accor betriebenen Resort wohnt man in von Felsen umgebenen Villen, die im Inneren Zeltcharakter haben und über eine große Pool-Landschaft verfügen. Das alles gibt es zu halbwegs moderaten Preisen im ansonsten überteuerten AlUla (Hail Road, shadenresort.sa).

Das bereits eröffnete Ritz-Carlton Nujama Reserve ist Teil des Red Sea Project.

RESTAURANTS

Für eine begrenzte Zeit bringen Spitzenköche in wechselnden Pop-up-Restaurants Gäste für Dinner-Shows zu ausgefallenen Locations, denn in AlUla will man immer mit bester Aussicht essen. Events unter: experiencealula.com

€€€ Okto at Harrat Viewpoint

Auf dem Gipfel des ehemaligen Vulkanbergs Harrat Uwayrid, ca. 30 Min. nordwestl. von AlUlas Altstadt, befindet sich ein fantastischer Aussichtspunkt mit Blick auf die Oase. Draußen kann man sich abends in modernen Sackkissen an den Feuerstellen wärmen oder innen gehobene griechische Gerichte speisen (King Abdulaziz Park, okto-sa.com).

€€–€€€ Suhail

Das Lokal ist nach dem Stern Suhail benannt, der einst in der Region den Reisenden ihren Weg durch die Wüste wies. In einem renovierten Lehmziegelbau gelegen, gibt es hier leckere Kabsa-Gerichte und auch Sitzplätze auf einer Dachterrasse mit Blick über die historische Altstadt von AlUla (Bakhour street, suhailrestaurant.com).

€–€€ Salt at Elephant Rock

Die Kulisse vor dem Elefantenfelsen ist großartig. Zum Essen gibt es Luxus-Burger wie Salat-, Cheese- oder Jalapeño-Burger. Ca. 16 km nordöstl. von AlUlas Altstadt.

INFORMATION

Die Königliche Kommission von AlUla (RCU) wurde 2017 per royalem Dekret gegründet, um AlUla zu erhalten und für den Tourismus weiterzuentwickeln: experiencealula.com

5 RED SEA PROJECT

Das Red Sea Project ist schon weit fortgeschritten. Im viertgrößten Barriereriff der Welt werden viele Inseln an der Küste zwischen AlUla und Medina ähnlich wie auf den Malediven zu Resort-Inseln umgestaltet. Weil als Privat-Eilande geführt, dürfen auch Frauen hier zu jeder Zeit ungehindert den großen Gemeinschaftspool benutzen. Marriott International hat bereits zwei Insel-Resorts geöffnet: das **€€€€ St. Regis Red Sea Resort** im Ummahat Archipel und das **€€€€ Ritz-Carlton Nujuma Reserve** mit einem Ring aus Überwasservillen auf der Insel Ummahat AlShaykh (marriott.com).

TABUK

In der nordwestlichen Region Tabuk mit der gleichnamigen Hauptstadt (657 000 Einw.) gibt es neben dem atemberaubenden **Wadi Disah TOPZIEL** (250 km südl. von Tabuk) eine weitere Nekropole der Nabatäer in **Al Bad** (220 km westl. von Tabuk) und das halbversunkene Schiffswrack von **Haql**, ca. 50 km südl. der Stadt Haql, das auch »Titanic Saudi-Arabiens« genannt wird.

KLIMAWANDEL, IN STEIN GEMEISSELT

Am Rand der Wüste Nefud, unweit der Oase Jubbah, geben die fast 10 000 Jahre alten, zum Welterbe der UNESCO gehörenden ***Felszeichnungen in Ha'il*** *ein eindrückliches Bild vom Alltag der Menschen, die einst hier lebten. An den grasenden Schafen, Antilopen und Gazellen erkennt man zugleich, dass die heutige Wüste mal ein äußerst fruchtbarer Landstrich gewesen sein muss. Wo heute die Oase Jubbah dank modernster Bewässerungstechniken erblüht, lag einst sogar ein See, der gute Lebensbedingungen bot, fanden Wissenschaftler heraus. Auch das ist ein Beleg dafür, dass das Klima damals noch nicht so trocken gewesen sein kann.*

UNTER PALMEN

Die Landschaft steht plötzlich auf dem Kopf im Wadi Disah, sobald sich in den still daliegenden Wasserpfützen bizarre rötliche Zackenberge und üppige Palmenhaine spiegeln. Als immergrüne Oase ist das Tal ein seltener Anblick im sonst trockenen, von Wüsten durchzogenen Norden Saudi-Arabiens.

Kleine, aus dem Gebirge stammende Rinnsale sowie eine Quelle, die in der Mitte des Tals wie aus dem Nichts entspringt, halten den sandigen Boden das ganze Jahr über feucht. »Al Disah« bedeutet »Tal der Palmen«. Es ist Teil des 4500 km² großen Prince Mohammed Bin Salman Naturschutzgebietes mit Bergen, Wanderpfaden und Campingplätzen. Sogar Arabische Leoparden soll es hier geben.

Ohne Allradantrieb käme man im Wadi Disah kaum voran.

Eine sandige Piste führt einmal quer durch das etwa 15 Kilometer lange Wadi Disah. Auf einer der landschaftlich schönsten Geländewagen-Strecken des Landes geht es durch Wasserlöcher und enge, vom Schilf halb zugewachsene Passagen. Wie ein grünes Band aus dicht sprießenden Palmen und Schilfwäldern zieht sich die sagenhafte Landschaft zwischen spektakulär bis zu 500 Meter aufragenden, rot leuchtenden Steinklippen. Einige von ihnen sind mit Schriftzeichen aus der Zeit der Nabatäer versehen und verleihen dem Wadi obendrein historische Bedeutung.

Beste Reisezeit: in den Wintermonaten November bis März. Wenn es geregnet hat, ist es oft nicht möglich, das komplette Wadi zu erkunden.

Anfahrt: Das Wadi Disah liegt etwa 265 km nordwestlich von AlUla und 250 km südlich von Tabuk. Es ist nur mit einem geländegängigen Fahrzeug individuell befahrbar. Von zwei möglichen Zufahrten gilt der südliche Eingang als der schönere. Vor Ort werden auch Geländewagen-Touren angeboten.

Im Osten

*

SPRUDELNDE QUELLEN

*

Seinen Reichtum verdankt Saudi-Arabien dem Erdölboom, der 1938 in Dammam begann. Im Osten liegen aber nicht nur die größten Ölfelder, sondern auch die größte Dattelpalmenplantage der Welt: in al-Hasa, der weltgrößten natürlichen Oase.

Etwa drei Millionen Bäume stehen in al-Hasa auf der größten natürlichen Dattelpalmenplantage der Welt.

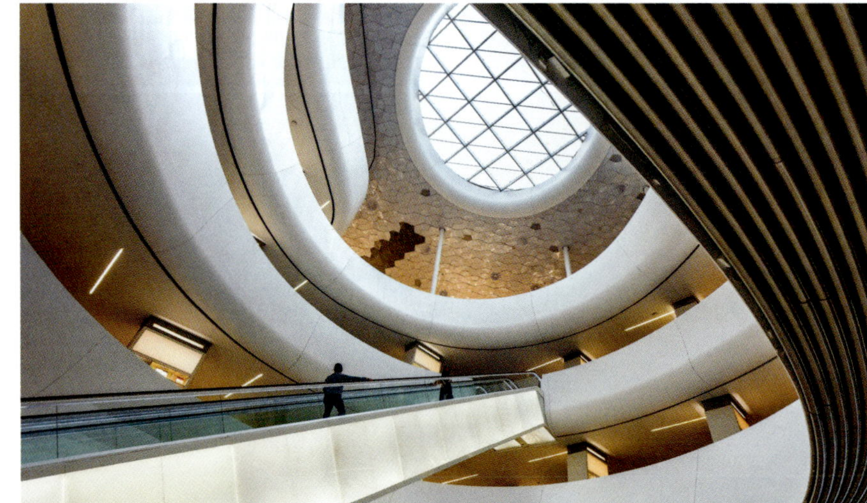

Alle Abbildungen dieser Doppelseite: Das nach dem ersten saudischen König benannte King Abdulaziz Center for World Culture (Ithra), dessen extravaganter Ausstellungsparcours mit Einblicken in die Kulturgeschichte des Landes und seiner Ölindustrie endet, gilt als ein »Leuchtturm der kulturellen Erneuerung Saudi-Arabiens« (Neue Zürcher Zeitung).

Unendliche Weiten. Plötzlich erhebt sich aus der Wüste ein Gebäude, das aussieht, als sei eine Raumstation am Stadtrand von Dammam gelandet. Tagsüber reflektiert die mehr als hundert Meter hohe Hightech-Komposition Wolken und Sonnenstrahlen, nachts changiert das beleuchtete Ensemble in zarten Pastellfarben. Aus seinem Inneren treten aber keine Zeitreisenden in Raumfahranzügen heraus, sondern Besucher eines riesigen Kulturzentrums mit Museen, Kino, Theater und etlichen didaktischen Einrichtungen. Das spektakulär gestaltete King Abdulaziz Center for World Culture (Ithra) wurde 2016 im Auftrag der Ölgesellschaft Aramco vom norwegischen Architekturbüro Snøhetta entworfen. Erklärtes Ziel ist eine Zeitreise ganz anderer Art: In Zukunft soll hier Leidenschaft für Wissen, Kreativität und interkulturelles Engagement geweckt werden – das arabische Wort Ithra bedeutet auch »Bereicherung«.

Mehr als vier Millionen Besucher haben sich seit der Eröffnung auf diese Weise bereichern lassen. Im Hauptgebäude führen Rolltreppen durch eine Innen-Rotunde, die ans Guggenheim Museum in New York City erinnert, hinauf zu einer modernen Bibliothek mit mehr als 320 000 Büchern über Wissenschaft, Geschichte, Biographien und Kinderwelten. Obendrein sind in einer interaktiven Ausstellung in digitalisierten Schwarz-Weiß-Aufnahmen die Anfänge des Ölbooms dokumentiert.

MIT US-AMERIKANISCHER HILFE

Nur wenige hundert Meter entfernt, an der berühmten Bohrstelle Dammam Nr. 7, wurde am 4. März 1938 von US-amerikanischen Geologen erstmals Öl entdeckt. Das kam zur richtigen Zeit: Der damalige Herrscher Ibn Saud benötigte dringend Geld, denn wegen der Weltwirtschaftskrise war ihm die Haupteinnahmequelle des Landes – muslimische Pilger auf dem Weg nach Mekka und Medina – um 80 Prozent eingebrochen, weshalb er die Konzession zur Erdölförderung vergab. Anfangs war die Arabian-American Oil Company (Aramco) mit Unternehmenssitz in Dammam noch in Besitz von vier US-amerikanischen Erdölkonzernen. Doch zwischen den Jahren 1972 und 1980 wurde sie von der saudischen Regierung verstaatlicht.

Über einen Damm mit Dammam verbunden ist Marjan Island mit seinem auffälligen, 30 Meter hohen Turm im Zentrum.

Oben und rechte Seite: im Suk al Hob in Dammam.
Rechts: Street-Art im historischen Viertel von Dammam.

DER WERT DER VERGANGENHEIT

Heute hat Saudi Aramco einen Marktwert von mehr als zwei Milliarden US-Dollar und ist mit großem Abstand auf Platz eins der weltgrößten Öl- und Gaskonzerne. Nach eigenen Angaben fördert Saudi Aramco pro Tag zehn Millionen Barrel Öl, was knapp 1,6 Milliarden Litern entspricht. Doch geht es nach Kronprinz bin Salman, soll sich Saudi-Arabien zukünftig unabhängig vom Erdöl machen, schließlich handelt es sich um eine endliche Ressource. Dazu kommt, dass immer mehr Abnehmerländer vermehrt auf alternative Energien setzen.

Der Historiker Ali Darorah beschäftigt sich seit 40 Jahren mit der Geschichte seines Landes. Er erwartet einen im Dirah Asala Museum von Tarout, einer geschichtlich bedeutenden Insel, die durch eine Dammstraße mit dem Festland verbunden ist. Im renovierten Museums-Palast zeigt man neben Antiquitäten historische Schwarz-Weiß-Fotos aus der Zeit vor dem Ölboom. Darauf zu sehen sind Szenen eines einfachen Dorflebens ohne Elektrizität und ohne Autos. Mit dem Ölfund und Aramco veränderte sich das Leben grundlegend. »Die Fischer hörten auf, ihrem Beruf nachzugehen, genauso wie die Bauern. Alle arbeiteten lieber für Aramco, dort konnten sie viel mehr Geld verdienen und neue Häuser bauen«, sagt Ali Darorah.

Wie reich die Geschichte des Landes ist und wie weit sie zurückreicht – auch das erfährt man in Tarout. Historische Lehmbauten wie die um das Jahr 5000 v. Chr. entstandene Festung und die alte Moschee belegen: Tarout ist einer der ältesten noch bewohnten Orte auf der Arabischen Halbinsel.

DAS PFEIFEN DES WINDES

Etwa zwei Stunden Fahrt südlich von Dammam sprudeln ganz andere Quellen, die den Wasserhaushalt der weltgrößten natürlichen Oase al-Hasa regeln. Sie gehört zum UNESCO-Welterbe und ist mit rund drei Millionen Bäumen auch die größte Dattelpalmenplantage der Welt. »Von unseren mehr als 40 Sorten sind die Khalas-Datteln mit ihrer zartschmelzenden Textur die besten«, meint der Plantagenbetreiber Abdulazim. Neben Datteln und Gemüse sowie Rosen, die zur Parfümherstellung verwendet werden, bietet er auch den rot-bräunlichen Hassawi-Reis an, der ebenfalls in der Oase angebaut wird. »Hassawi ist eine der teuersten Reissorten der Welt, die nur bei ungewöhnlich hohen Temperaturen gedeiht und besonders nahrhaft ist«, sagt der Farmer.

In der Mitte der Oase liegt der Ort Hofuf, dessen Name sinngemäß »Pfeifen des Windes« bedeutet. Auf dem hiesigen Markt kann man eine traditionelle Handwerkstechnik bestaunen, die vor allem für Festtagsumhänge (»Bisht«) von Bedeutung ist: die Goldstickerei. Mohammed Abdulmohsen Alamir unterrichtet diese königliche Handwerkskunst und erzählt, dass besonders die Männer in al-Hasa diese Sticktechnik beherrschen. In dieser fertigt man einen Zierbesatz aus 24-karätigen Goldfäden an sowie eine Art Goldkordel, mit der der Umhang zusammengehalten werden kann. Die Königsfamilie kauft ihren Bisht nur in al-Hasa. Handgefertigt kostet so ein traditio-

Alle Abbildungen dieser Seite: buntes Marktleben auf dem Suk im Stadtzentrum von al-Hasa. Besonders stolz ist man hier auf die traditionelle Handwerkskunst der Goldstickerei.

Das Kalksteinhöhlennetz des Al Qarah-Bergmassivs in al-Hasa lässt sich auf gut ausgebauten Wegen erkunden.

Geländegängig unterwegs: Ausflug zum Yellow Lake, südlich von Dammam, in der Nähe von al-Hasa.

neller Umhang umgerechnet etwa 1000 Euro«, erläutert der Stickexperte und zeigt Stich für Stich, wie akkurat die Zierreihen gefertigt werden müssen.

Um auch die uralte Töpfertradition in der Oase zu bewahren, haben ein paar Studentinnen der lokalen Hochschule eine Initiative gegründet, mit der zum Beispiel Tassen aus nachhaltigem Ton für junge Leute wieder attraktiver werden sollen. Dazu experimentieren die Frauen mit neuen Techniken und moderneren Designs. »Tontassen können Getränke sowohl kühl als auch warmhalten. Mit einer integrierten Thermokammer, in die zusätzlich heißes oder kaltes Wasser gefüllt wird, ließe sich der Effekt noch verstärken«, überlegt Fatima, eine der Frauen.

IM BAUCH DES BERGES

Bestens klimatisiert sind auch die Kalksteinhöhlen des Al Qarah-Bergmassifs, gerade mal fünf Kilometer nordöstlich von Hofuf, in denen die Temperatur das ganze Jahr über bei moderaten 20 Grad liegt. Adele Hassan, der in al-Hasa aufgewachsen ist, erinnert sich noch daran, wie er als Kind hier im Sommer angenehme Kühle gefunden und gern einen Mittagsschlaf gehalten hat. Etwa 30 Meter hoch sind die über 1,5 Kilometer miteinander verbundenen Höhlengänge, in deren Spalten sich oft riesige Steinkugeln festgekeilt haben. In den Innenhöfen des Bergmassivs sollen früher die Menschen wertvolle Dokumente vergraben haben, erzählt Adele Hassan. Es kann also sehr gut sein, dass der Bauch des Berges noch so manches Familiengeheimnis birgt.

ALLE AN BORD!

Zugreisen sind in Saudi-Arabien noch etwas Neues. Zwischen Dammam und Riad kann man nun komfortabel und preiswert auf Schienen reisen.

»Früher standen plötzlich unvermittelt Kamele auf den Gleisen, sodass meine älteren Kollegen die Tiere noch regelmäßig mit Pfeifsignalen von der Fahrbahn vertreiben mussten«, erzählt der Zugführer Abdulrahman. Doch seit neben den Gleisen Zäune gespannt sind, sagt er, käme das nicht mehr vor. Wanderdünen, die seine Fahrt durch Wüstengebiet behindern, gibt es aber nach wie vor. Daher muss der Sand regelmäßig von den Schienen geräumt werden. Nach 449 Kilometern und 3,5 Stunden haben wir Riad erreicht – in klimatisierten Abteilen der Saudi Arabian Railway (SAR). Es gibt ein Bord-Bistro, einen Gebetsbereich und WLAN. Ohne feste Buchung kommt allerdings keiner mit. Aber anders als bei der Deutschen Bahn wird jedem ein Sitzplatz garantiert.

sar.com.sa

Schöne neue Welt

TAUSENDUNDEINE VISION

Mit der Zukunftsstrategie »Vision 2030« will der Kronprinz sein Land unabhängig von Erdölexporten machen. Verstärkte Investitionen in den öffentlichen Sektor und in den Ausbau des Tourismus sollen auch eine gesellschaftliche Liberalisierung mit sich bringen.

»The Line« ist Teil des groß angelegten Siedlungsprojektes NEOM: »Neo« kommt aus dem Altgriechischen und bedeutet »neu«, »M« ist der erste Buchstabe des arabischen Wortes »Mustaqbal« für »Zukunft«.

Ein Arabischer Frühling in Saudi-Arabien? Nein, so lange, bis sein Volk diesen einfordern würde, wollte Kronprinz Mohammed bin Salman (MbS) nicht warten und verordnete seinem Land im Jahr 2016 lieber selbst weitreichende Reformen – und eine fundamentale Imagekorrektur noch dazu. Schließlich sind in Saudi-Arabien mehr als die Hälfte der rund 36,5 Millionen Einwohner jünger als 30 Jahre. Junge Menschen haben andere Ziele als ihre Eltern und Großeltern, und sie agieren wesentlich kosmopolitischer, was auch daran liegt, dass viele von ihnen im westlichen Ausland studiert haben. Diesen Wandel weiß der Kronprinz geschickt zu nutzen, um eine neue saudische Identität zu etablieren.

DREI-SÄULEN-MODELL

Seine Zukunftsstrategie »Vision 2030« fußt im Wesentlichen auf drei Säulen: der wirtschaftlichen Diversifikation, um nun neue Geschäftsfelder jenseits des Erdöls zu erschließen, der Verbesserung der Lebensqualität der saudischen Bevölkerung, und der Öffnung des Lan-

Als Aushängeschild einer nachhaltigen Energieversorgung soll sich die Planstadt »The Line« über Solar- und Windkraftanlagen klimaneutral mit Energie versorgen.

des, um sich den internationalen Tourismus als wichtige Einnahmequelle zu sichern. Denn mehr als 75 Prozent des Staatsbudgets beruhen noch immer auf Einnahmen aus dem Erdölgeschäft. Da liegen Vorbilder aus der arabischen Nachbarschaft wie Dubai oder Katar nahe, will man nachvollziehen, wie sich ein Land mittels Entertainmentparks und Luxusresorts erfolgreich zum Reiseziel zahlungskräftiger ausländischer Touristen ausbauen lässt. Damit reichlich Urlauber ins Land kommen, wurden seit dem Jahr 2019 die Visa-Bestimmungen bereits radikal erleichtert und nicht mehr nur Mekka-Pilger ins Land gelassen.

Die Finanzierung dafür kommt von dem saudischen Staatsfonds PIF (Public Investment Fund) mit einem geschätzten Gesamtvermögen von umgerechnet 700 Milliarden US-Dollar sowie dem Börsengang von Aramco, der weltgrößten Erdölfördergesellschaft mit Sitz in Dammam. Natürlich will man auch ausländisches Kapital und Investoren ins Königreich holen und muss dafür entsprechende Vorurteile abbauen. Waren traditionell sogar Kinos in Saudi-Arabien verboten, so wurde der Bereich Unterhaltung und Entertainment mittlerweile per Dekret gelockert. Live-Konzerte und andere Events mit internationalen Topstars waren nun auf einmal möglich, bei denen sogar die bisher übliche Geschlechtertrennung in der Öffentlichkeit aufgehoben wurde.

AUFPOLIERTES IMAGE

Frauen ist es inzwischen erlaubt, sich außer Haus unverschleiert zu bewegen und ohne männliche Begleitung zu reisen. In der Öffentlichkeit vollzieht sich dieser Wandel jedoch oft schneller als in den Familien. So ist das Straßenbild weiterhin von Frauen in Abayas geprägt; unverschleiert sieht man meist nur Expats oder ausländische Urlauberinnen. In saudischen Familien bestimmt nach wie vor meist der Vater oder der Ehemann, wie sich eine Frau zu verhalten hat. Seit 2018 dürfen Frauen auch Autofahren, was durchaus einen praktischen Nutzen hat. Schließlich kann es sich das Land künftig nicht leisten, arbeitstechnisch auf die Hälfte der Bevölkerung zu verzichten.

DER MASTERPLAN, ...

... wichtige Bauvorhaben bis 2030 umzusetzen, hat das Land in eine Riesenbaustelle verwandelt. An der Westküste entstehen auf 22 Inseln im Roten Meer und an sechs Standorten im Landesinneren Luxusfreizeiteinrichtungen. Zu den führenden Hotels, die dort bereits im Jahr 2023 eröffnet haben, gehören Six Senses, St. Regis und Marriott Ritz-Carlton Reserve. Obendrein will man mit Sportveranstaltungen wie der Formel-1-Weltmeisterschaft, die seit 2021 in Dschidda ausgetragen wird, und den für das Jahr 2029 geplanten asiatischen Winterspielen in der Bergregion von Trojena sowie der Fußball-Weltmeisterschaft 2030 das globale Image aufpolieren. Doch besonders bei sportlichen Großevents, die in alle Länder dieser Welt übertragen werden, wird sich Saudi-Arabien auch mit Forderungen zur Einhaltung von Menschenrechten konfrontiert sehen und auf Kritik einstellen müssen.

AUSRUFEZEICHEN-ARCHITEKTUR

Vision oder Illusion? »Wir starten bei null, warum sollten wir normale Städte kopieren?«, gibt der Kronprinz zu bedenken. Unter dem Oberbegriff NEOM waren zunächst vier räumlich getrennte Projekte geplant, die später modifiziert wurden – mit Entwürfen wie aus einem Science-Fiction-Film. Prunkstück dieses Plans soll »The Line« werden, eine futuristische Planstadt: Außen komplett verspiegelt und nur wenige hundert Meter breit, zieht sie sich wie ein schmales Lineal vom Roten Meer etliche Kilometer ins Landesinnere.

Schon heute ist klar, dass all das bis zum Jahr 2030 kaum zu realisieren sein wird. Doch bei einer solchen Ausrufezeichen-Architektur geht es primär darum, dass sie bestaunt werden soll. Der Zeitpunkt der Finalisierung ist dabei weniger bedeutend als den eigenen Landsleuten eines vor Augen zu führen: den gewaltigen Transformationsprozess Saudi-Arabiens.

FAKTEN & INFORMATIONEN

Über den aktuellen Stand des Projektes »Vision 2030« informiert die staatlich betriebene Internetseite: vision2030.gov.sa/en/

AL-KUWAIT
al-Fuḥaihīl
Mīnā' 'Abdallāh
al-Aḥmadī
Khabrat al-Dawish
Mīnā' Su'ud
Ra's az-Zaur
al-Khiran
al-Nuwaisib
Ra's al-Ḫafǧī
al-Wafra
ar-Ruqai'
ad-Dibdiba
as-Sadawī
aš-Šafallaḥīya
an-Nu'airīya
Ǧarāra
'Utayyiq
aṣ-Ṣarrār
Ǧ. ar-Ruḥayyah
Ḥanīḏ
Ǧ. as-Sahamī
al-Ḥasā
Ra's az-Zaur
Ǧaz. Abū 'Alī
Ǧaz. al-Bāṭina
al-Ǧubail
Ra's Tannūra
Qudaih
Jazira Tarut
Dārīn
al-Qaṭīf
Fašt al-Ǧārim
AD-DAMMĀM
AL-ḪUBAR
AẒ-ẒAHRĀN (DHAHRAN)
al-Muḥarraq
AL-MANĀMA
Qal'at al-Baḥrain
Dilmun Burial Mounds
'Awālī
Umm Na'sān
AL-BAḤRAIN
Ǧaz. Ḥawār
'Ain Dār
Abqaiq
Ǧūda
Duǧaimīya
'Uyūn
al-'Uqair
Al-Asfar (Yellow Lake)
al-Aḥsā'
Mubarraz
Umran
al-Ǧīšā
at-Taraf
AL-HUFŪF
al-Ǧāfūra
Rumāḥ
al Giylana
ad-Dahnā'
aṣ-Ṣummān
al-Malsūnīyah
al-Ǧawār
Ḥuraiṣ
Camel Race Course
Burma Cave
AR-RIYĀḌ
al-Ġanamiya
al-Haǧr
Hayy al-Mahaṭṭa
as-Salamiya
as-Sahba
al-Ḫarǧ (al Kharj)
aḍ-Ḍubai'a
ad-Dilam
Ḥaraḍ
Ḥauṭat Banī Tamīm
al-Ḥulwa
Yabrīn
Qalamat Nadqān
Lailā
al-Qaṭn
Marwān
ar-Rub' al-Ḫālī
as-Sanām
al-Mahākīk
al-Miḥrāḍ
Persian Gulf
Ḫārk
Ǧazīre-ye Ḫārk
Rūd-e Helle
Ra's oš-Šaṭṭ
BANDAR-E BŪŠEHR
Čoġādak
Ahram
Delvār
Ḫvormūǧ
Ra's-e Halīle
Kūh-e Barī
Farrāšband
Fīrūzābā
Kūh-e Siyāh
Rūd-e Dašt-e Palang
ĪRĀN
Rūd-e Mand
Kākī
Kūh-e Namak
Bord Ḫūn-e Nou
Ābdān
Velāyat
Dōrāhak
Kangān
Ǧazīre-ye Ǧabrīn
Deyyer
Bandar-e Ṭāherī
Harqūs
Fārsī (Īran)
Al-Arabīyeh
Karān
Kurayn
Ra's Rakan
ar-Ruwais
Al Zubarah
al-Jamīliyah
al-Ḫaur
Duḫān
ar-Rayyān
AD-DAUḤA (DOHA)
Musai'īd (Umm Sa'īd)
QAṬAR
+3h Gr. Time
+4h Gr. Time
al-Qaffāy
as-Salwā
Dawḥat Salwā
al-'Udaid
Ra's Mušairib
al-Yāsāt
Ǧuwaifāt
Umm al-Ašṭ
Sabḫat Maṭṭī
Maßstab 1:3.000.000
0
80 km

IM REICH VON ÖL UND PALMEN

Nahezu die gesamte Erdölförderung Saudi-Arabiens konzentriert sich im Osten des Landes mit seiner Hafenmetropole Dammam. Weiter südlich beginnt nicht nur die größte Sandwüste der Erde, die Rub al-Chali, sondern auch al-Hasa, die größte natürliche Dattelpalmenoase der Welt.

1 DAMMAM (AD-DAMMĀM)

Das Städtedreieck aus Dammam (1,4 Mio. Einw.), Khobar (410 000 Einw.) und Dhahran (145 000 Einw.) ist zu einem zusammenhängenden Großraum, der Dammam Area, zusammengewachsen. US-amerikanische Ölfachleute bauten hier im Jahr 1938 die Erdölindustrie Saudi-Arabiens auf und legten den Grundstock für Aramco, die später verstaatlicht wurde und heute die größte Erdölgesellschaft der Welt ist.

SEHENSWERT/MUSEUM

Das **King Abdulaziz Center for World Culture** in **Dhahran TOPZIEL**, auch »Ithra« genannt, ist ein Architektur-Highlight (Sa. bis Mi. 9.00–12.00, Do. bis 13.00, Fr. 16.00 bis 1.00 Uhr, 8386 Ring Rd, Gharb Al Dhahran, Az Zahran 34461, ithra.com). Es gleicht erdölhaltigen Steinen, die man mit Stahlrohren umhüllt hat. Entworfen wurde das Kulturzentrum 2016 im Auftrag der Ölgesellschaft Aramco von dem norwegischen Architekturbüro Snøhetta. Es umfasst Museen, Kino, Theater und didaktische Einrichtungen. Die Dauerausstellung »Aramcorama« dokumentiert die Geschichte der Erdölgesellschaft mit historischen Aufnahmen, Dokumenten und Artefakten (Eintritt: 9 €, aramco.com).

Ein beliebter Treffpunkt für Wochenendausflüge: Marjan Island.

Tarout Island gehört wohl zu den ältesten Siedlungsgebieten der Arabischen Halbinsel.

Tarout Island, an der Küste von Qatif knapp 30 km nördl. von Dammam, ist einer der ältesten noch bewohnten Orte auf der Arabischen Halbinsel. Die Insel wird durch eine Dammstraße mit dem Festland verbunden. Häuserfassaden mit verzierten Holzbalkonen und Fensterrahmen aus Teak sowie feinen Arabesk-Gravuren warten auf eine Restaurierung, die bei der Festung im Zentrum der Insel und der alten Moschee bereits begonnen hat. In der Festung wurden Relikte aus mesopotamischer Zeit gefunden, weshalb man annimmt, dass ihre Anfänge bis in die Zeit der ersten Besiedlung der Insel (um 5000 v. Chr.) zurückreichen. Im **Dirah Asala Museum** werden neben Antiquitäten historische Schwarz-Weiß-Fotos aus der Zeit vor dem Ölboom präsentiert (Mo.–Mi. 16.00–21.00, am Wochenende bis 22.00 Uhr, Eintritt 3,80 €).

Dammams Einheimische vergnügen sich lieber auf **Marjan Island**, das ebenfalls über eine Dammstraße erreichbar ist. In den Parkanlagen trifft man sich am Wochenende gern zum Picknick unterhalb des pittoresk wie ein Schneckenhaus gewundenen **Minarett-Turms**. An der Corniche im Stadtteil **Al Khobar** lassen Kinder Flugdrachen steigen, Familien fahren mit der Fahrradrikscha die Uferpromenade auf und ab oder fotografieren sich vor einem Gebäude in Form eines riesigen Weihrauchkochers, indem künftig Restaurants geplant sind.

Von Al Khobar führt der **King Fahd Causeway**, eine 25 km langen Brücke, hinüber nach Bahrain, das zu den liberalsten Ländern der Golf-Region zählt. Weil hier jegliche Art von Alkohol und andere westliche Vergnügungen fast überall zu haben sind, fahren viele Saudis am Wochenende gern über die 1986 gebaute Brücke. Auf halber Strecke befindet sich zur Grenzkontrolle das künstlich aufgeschüttete **Passport-Island**, das je zur Hälfte Bahrain und Saudi-Arabien gehört. Mit europäischem Pass gibt es ein 14 Tage gültiges Visum bei Ankunft, ca. 15 €.

FREI SCHWIMMEN

Der Strand ist schier endlos lang, der Sand puderweiß, das Wasser leuchtet türkis und klar. Da möchte man gleich einen Stopp zum Schwimmen einlegen. Doch öffentliches Baden an frei zugänglichen Stränden gehört nicht zur saudi-arabischen Kultur. Will man als Frau auch nur eine Runde im Pool schwimmen, hört man meist ein bedauerndes: »Sorry, men only!« Nur wenige Hotels bieten Frauen einen nicht einsehbaren Pool, der zu bestimmten Zeiten nur für sie geöffnet ist und Abkühlung bietet. Das **Dana Beach Resort** *in der Half Moon Bay von Dammam hat nicht nur Villen mit Privatpool und einem Privatstrand, wo Frauen jederzeit schwimmen können, sondern auch einen Ladies Club mit SPA und Privatstrand exklusiv für Damen. Man muss nicht mal Hotelgast sein – auch Tagesbesucherinnen sind hier willkommen.*

dbr.sa/en/spa/

HOTELS

€€-€€€ Voco Khobar Dammam
Das Hotel der IHG-Gruppe liegt ca. 5 km von der Corniche Al Khobar entfernt und bietet zeitgemäß modern eingerichtete Zimmer sowie eine sechsstöckige Lobby (Dhahran Road, Al-Thuqbah, King Abdullah Street, Al Khobar, ihg.com/voco/hotels).

€ Aloft Dhahran Hotel
Das zur Marriott Hotelgruppe gehörende Haus, ca. 5 km von der der Corniche Al Khobar entfernt, ist nicht nur preislich sehr günstig, sondern verfügt auch über moderne, nach westlichen Standards eingerichtete Zimmer, Außenpool, Terrasse und ein 24-Stunden-Restaurant mit Selbstbedienung (King Saud Branch Road Crossing 21. Str., Al Khobar, marriott.com/en-us/hotels/dhadl-aloft-dhahran/).

RESTAURANTS

€€€-€€€€ Como Seafood
An einer großen, eisgekühlten Theke sucht man sich fangfrische Meeresfrüchte aus, die man anschließend zubereitet haben möchte – als Tandoori, Reisgericht oder im Ganzen gegrillt (Custodian of The Two Holy Mosques Rd, Al Sahil, Al Khobar).

€€€-€€€€ Karam Beirut
Teller mit Hummus und Taboulé oder Kibbeh füllen schnell den ganzen Tisch des direkt am Meer gelegenen libanesischen Lokals (Dughaither Village, Corniche Road, Al Khobar, karambeirut.com).

€€-€€€ The Heritage Village
Das Heritage Village im King Abdullah Park ist halb Restaurant, halb Museum und wurde im Stil historischer Lehmarchitektur erbaut. Im Erdgeschoss des Arkadeninnenhofs gibt es eine große Auswahl an regionalen Gerichten. In den oberen Etagen werden Artefakte, Antiquitäten und Manuskripte aus unterschiedlichen Landesregionen präsentiert. Auf einem kleinen Kunsthandwerksmarkt verkauft man arabische Parfüms, Körbe und Wandbehänge (Corniche Walk Way, Ash Shati Al Gharbi, heritagevillage.com.sa).

INFORMATION

visitsaudi.com/en/destinations/dammam

AL-HASA (AL-AHSĀ')

Die größte Oase der Welt (1,1 Mio. Einw.), **2 al-Hasa TOPZIEL**, erstreckt sich über eine Fläche von 8544 Hektar plus großzügiger Pufferzone und gehört als Kulturlandschaft zum Welterbe der UNESCO. Sie ist auch eine der ältesten Oasen des Mittleren Ostens; ihre Besiedlung reicht bis in die Antike zurück. Al-Hasa umfasst neben einem komplexen Wassersystem aus Kanälen, Quellen, Brunnen und einem Abwassersee auch urbane Strukturen mit historischen Gebäuden sowie einige archäologische Stätten. Neben Datteln wird der spezielle rote Hassawi-Reis hier angebaut. Haupt- und Universitätsstadt ist **3 Hofuf (al-Hufūf)** mit seinen rund 700 000 Einwohnern.

Der **4 Asfar-See**, auch als Yellow Lake bekannt, liegt ca. 13 km nordöstl. der Stadt al-Hasa inmitten von goldgelben Wüstendünen und ist das Wasserreservoir der Oase (s. »Ja, natürlich«, rechte Seite).

Zu al-Hasa gehören auch Teile der Wüste **5 Rub al-Chali** (ar-Rub' al-Hāli) **TOPZIEL**, der größten Sandwüste der Erde (s. »Zur Sache: Im leeren Viertel«, S. 28–31).

SEHENSWERT/MUSEUM

Mit seinen hohen Befestigungstürmen und meterdicken Lehmmauern prägt das 1551 unter türkischer Herrschaft errichtete Fort des **Ibrahim Palace** das Stadtzentrum. Es war Militär-Hauptquartier, wurde später zur Burg, einem Gefängnis und einem Türkischen Bad ausgebaut und kann heute als Museum besichtigt werden. Die Moschee wird noch genutzt (Eintritt frei, King Khalid Rd, Al Rafaa North, Hofuf).

Die **Dougha-Töpferei** (8.00–19.00 Uhr, Alqourhah 36351, Hofuf) gibt es schon seit mehr als 150 Jahren. Hier kann man zusehen, wie auf einer fußbetriebenen Drehscheibe in wenigen Minuten aus Lehm traditionelle Wasserkühler (Zeer) und Räuchergefäße (Mabkhara) entstehen.

Das spektakulär in der Half Moon Bay gelegene Dana Beach Resort (s. Tipp, oben) bietet 111 elegant und komfortabel eingerichtete Villen für Familienurlaube.

Dougha-Töpferei in al-Hasa.

Vom 75 m hohen **Al Qarah** hat man einen sagenhaften Ausblick auf die Oase. Das Kalksteinhöhlennetz des gleichnamigen Bergmassivs mit seinen bis zu 30 m hohen Wänden und schmalen, über 1,5 km langen, miteinander verbundenen Höhlengängen ist nicht schwer zu erkunden. Die Wege sind flach ausgebaut und gut beleuchtet (Eintritt: 3 €, etwa 25 Fahrminuten nordöstl. von Hofuf).

EINKAUFEN

Der Suk **Al Qaisariya** ist einer der ältesten Märkte im Königreich und berühmt für sein Labyrinth aus Gassen mit hohen Korridoren, Türmen sowie Palästen und mehr als 400 Geschäften. Bekannt sind auch die maßgeschneiderten Bishts – traditionelle Umhänge mit Goldstickerei für besondere Anlässe. Hier kann man gut nach Artefakten, Souvenirs oder Datteln sowie Gewürzen stöbern und gleichzeitig die Atmosphäre eines alten Basars genießen (tgl. 15.00–1.00 Uhr, King Abdulaziz Rd, Al Rafaa North, Hofuf).

RESTAURANTS/CAFÉS

€€–€€€ Dar Basma

Das moderne Familienrestaurant in einem historischen Palast präsentiert authentische saudische Aromen im saisonalen Einklang. Besonders Reisgerichte aus dem lokal in al-Hasa wachsenden roten Hassawi-Reis sind sehr zu empfehlen (King Faisal Rd., Hofuf, Al Koot, dar-basma.com).

€ Vølk

Zauberhaft am Al-Qarah-Bergmassiv gelegenes Café, das neben schönen Außenplätzen auch leckere Kaffeesorten und gute Kuchen oder Apple Crumble Jar bietet – eine Mischung aus Äpfeln und Zimt mit Rosen (Al Salam 1st, Al Mubarraz, Hofuf, volk.ksa).

HOTELS

€€ Al Koot Heritage Hotel

Uriges Boutiquehotel mit 200-jähriger Geschichte und Arkadeninnenhof (King Khalid Road, Al Koot District, Hofuf, tipputib.com/hotel/al-koot-heritage-hotel).

€€ Braira Al Ahsa

Hier gibt es große, modern im westlichen Stil ausgestattete Zimmer zu einem guten Preis-Leistungs-Verhältnis (King Abdullah Rd, Al Sulimaniyah 4th, Hofuf, brairaalahsa.com-hotel.website).

INFORMATION

visitsaudi.com/en/see-do/destinations/al-ahsa

DER WÜSTENSEE

Aus der Luft betrachtet funkelt der Asfar-See wie ein geheimnisvoller Saphir. Goldgelb sind die rund zwölf Kilometer langen Dünen, in deren Mitte der von Schilfpflanzen eingefasste See fast surreal wirkt – schließlich ist Wasser nirgends so rar wie in der Wüste.

Das versteckte Kleinod, auch »Yellow Lake« genannt, liegt rund 13 Kilometer östlich von al-Hasa und wird nicht nur vom Regenwasser, sondern hauptsächlich aus den Bewässerungsquellen und den Kanalsystemen gespeist, welche die mehr als 22 000 Bauernhöfe in der weltgrößten Dattelpalmenoase mit 328 Mio. Kubikmeter Quellwasser versorgen, wobei auch überschüssiges Wasser über ein umfangreiches Entwässerungssystem wieder zurück in den See fließt. Die Oase verfügt über das größte Bewässerungsnetz in ganz Saudi-Arabien.

Rast am Asfar-See, in Erwartung eines traumhaften Sonnenuntergangs.

Die schwankenden Wasserstände des Sees schaffen besondere Bedingungen für die dortige Tier- und Pflanzenwelt. Sie ermöglichen unterschiedlichen Arten, sich hier am See anzusiedeln. Im Winter machen Zugvögel Rast, es gibt Schildkröten und Springmäuse. Um die Tier- und Pflanzenwelt zu schützen, wurde der See als Naturschutzgebiet ausgewiesen. Zwar ist deshalb das Baden verboten, aber als Ausflugsort für ein Picknick am Ufer lockt der Yellow Lake viele Besucher hierher – auch, um den Sonnenuntergang zu genießen.

Beste Reisezeit: in den kühleren Wintermonaten November bis Februar.

Anfahrt: Der Asfar-See (Yellow Lake) liegt 13 km nordöstl. von al-Hasa. Er ist nur mit einem geländegängigen Fahrzeug individuell befahrbar. Vor Ort werden auch Geländewagentouren mit Picknick angeboten.

Im Süden

DA BLÜHT DIR WAS!

Flower-Power mit fröhlichen Blumenmännern, malende Frauen mit UNESCO-Wertschätzung, über den Abgrund gebaute Dörfer und die höchsten Berge des Landes: Im Süden erlebt man so manchen Höhenflug – bis auf 3000 Meter.

In Nadschran findet man die typischen Lehmbauten der Region.

Nadschran, die Hauptstadt der gleichnamigen Provinz, war einst ein wichtiger Knotenpunkt an der Weihrauchstraße.

Rechts: Traditionelle Trachten einer Musik- und Tanzgruppe vor der imposanten Kulisse des Bergdorfs Rijal Almaa.

Rechte Seite: Die »Blumenmänner« des Qahtan-Stammes tragen aus Blüten und Kräutern gefertigte, wohlriechende Tayeb-Kränze.

Und plötzlich waren sie weg. Von einem Tag auf den anderen hat der Nebel die Dreitausender wie vom Erdboden verschluckt. Diese Laune des Wetters ist typisch für den wilden Süden. Noch am Vortag herrschte ausgelassene Wanderstimmung im Südwesten des Landes. Spaziergänger waren in T-Shirts unterwegs, zwischen den Wolkenbergen zauberten Sonnenstrahlen faszinierende Licht- und Schattenspiele in die Szenerie.

»Nebelstadt« nennt man Abhā auch, wird die Hauptstadt der Asir-Provinz doch wegen ihrer hohen Lage oft von den Wolken regelrecht umarmt, was der Landschaft eine höchst mystische Atmosphäre verleiht. In Abhās unmittelbarer Nähe befinden sich die höchsten Berge des Landes. Aufgrund der besonderen Lage ist das Klima milder, die vom Meer her kommenden Wolken regnen genau hier ab. Das macht Asir zu einer der grünsten Provinzen Saudi-Arabiens, in der Landwirtschaft und Viehzucht ohne Wassernot betrieben werden können und in die sich die Saudis in heißen Sommern immer wieder gern zurückziehen.

LEUCHTENDE FARBEN

Die außergewöhnliche Landschaft wie auch die kulturelle Nähe zu Jemen hat bis heute Einfluss auf die regionale Kunst und Kultur. Seit Hunderten von Jahren gewinnen die Frauen der Asir-Region leuchtende Farben aus Pflanzen und Steinen, um damit die Innenwände ihrer Häuser zu verschönern. Die abstrakten, auf weiß gekalkte Wände gemalten Formen aus Dreiecken, Zacken oder Strichen symbolisieren Berge, Flüsse oder Erntepflanzen. Der Reichtum einer Familie wird an der Komplexität solcher Gemälde gemessen, in vielen Häusern entstanden auf diese Weise farbenfrohe Galerien. Der von Frauen geprägte abstrakte Kunststil des Al-Qatt Al-Asiri gehört inzwischen sogar zum immateriellen Weltkulturerbe der UNESCO.

»Wir Frauen geben dieses Wissen immer an unsere Töchter weiter, was den sozialen Zusammenhalt und den Fortbestand unserer Kunst fördert«, erläutert Fatima Faye Al-Almaai, die in Abhā in einem nach ihr benannten Museum diesem außergewöhnlichen Kunststil eine eigene Ausstellung widmet.

Immaterielles Welterbe der UNESCO: der von Frauen geprägte Kunststil des Al-Qatt Al-Asiri.

Tradition und Handwerk: Ein Schmied fertigt Dolche im Suk von Nadschran.

AUF DER TEUFELSSTRASSE

Aufgrund ihres bergigen Terrains war die Region lange Zeit weitgehend isoliert. Heute sind die Straßen zwar gut ausgebaut, aber extrem kurvenreich. Die Aqabat al Sama Road, die Abhā mit Rijal Almaa verbindet, nennen Einheimische auch »Devil Road«, Teufelsstraße. In vielen Haarnadelkurven geht es auf ihr so steil hinab, dass man den Autobremsen auf halber Strecke durchaus mal eine Pause gönnen sollte. Der Al-Soudah-360°-Viewing-Point bietet hierzu einen grandiosen Ausblick auf die grünen Bergmassive. Ein Verkaufsstand hält Obst und Gemüse sowie die für die Region typischen Tayeb-Blumenkränze bereit. Ein Parkwächter eilt mit einem Stock bewaffnet hinter Pavian-Gangs her, die sich ungeniert über die Essensreste der Besucher hermachen und auch mal Äpfel oder Bananen direkt aus der Tasche stibitzen. Höchste Zeit also zur Weiterfahrt ....

WOHNEN IN STEINHOCHHÄUSERN

Wie Trutzburgen wirken die mehr als 900 Jahre alten Häuser von Rijal Almaa. Sie wurden aus dem dunklen Basaltgestein der Gegend errichtet, sind also viel stabiler als reine Lehmbauten und können bis zu acht Stockwerke hoch sein. Ihre Bauweise lässt sich am besten im Old Heritage Village Museum erkunden. Auffallend sind die kontrastreich in Weiß abgesetzten Fensterrahmen, aus denen die Fensterläden je nach Gebäude in Rot, Blau oder Grün leuchten. Die Menschen vermieteten je ein Stockwerk an Verwandte, wie in einem modernen Wohnkomplex. In den Innenräumen könnte man auch hier ausgiebig die kunstvollen Bemalungen im Al-Qatt Al-Asiri-Stil studieren, wenn nicht gerade unten auf dem Vorplatz eine Musik- und Tanztruppe zu sehen wäre. Während sich die Männer mit ihren Schwertern hin und her wiegen und dabei singen, fällt in der Musikergruppe ein Trommler auf, der nicht die klassische weiß-rot-karierte Ghutra als Kopfbedeckung trägt, sondern einen Kranz aus orange leuchtenden Blüten: Blumenmänner wie Abu Ali waren jahrhundertelang eines der bestgehüteten Geheimnisse der arabischen Zivilisation. Noch vor 25 Jahren lebten sie völlig isoliert im südlichen Teil des Landes nach ihren eigenen Stammesrechten. Nur ihnen ist noch heute der Anbau von Khat erlaubt, einer aufputschenden Substanz – und das in einem Land, in dem für Drogendelikte die Todesstrafe verhängt werden kann. Die sogenannten Tayeb-Kränze gehören ebenfalls zur Stammesidentität und werden zu gesellschaftlichen Anlässen und Festen getragen. Die Farben der Blüten müssen dabei zur Kleidung passen. Die hinzugefügten Kräuter wie Basilikum oder Kadi sorgen dafür, dass man den ganzen Tag von Wohlgeruch umgeben ist.

»Auch gegen Kopfschmerzen helfen manche Kräutermischungen«, sagt Abu Ali. Und wenn wir sehen wollten, wo seine alte Heimat liegt, müssten wir nach Habala fahren.

Bei Abhā: In rascher Folge wechseln Nebel und Sonne in den Sawat-Bergen.

Fayfa in den Fifa Mountains: eines der typischen Berghängedörfer in der Provinz Dschaizan.

SEILSCHAFTEN DER BLUMENMÄNNER

Das kleine, etwa eine Stunde südöstlich von Abhā gelegene Bergdorf Habala nennt man auch »das hängende Dorf«. Der Stamm der Khatani hatte es vor etwa 400 Jahren spektakulär inmitten senkrecht abfallender Klippen gebaut, um den Osmanen zu entgehen. Früher sei das Dorf der Blumenmänner nur über eine Strickleiter erreichbar gewesen, hatte uns Abu Ali erzählt – »Habala« heißt übersetzt »Seil«. Noch bis in die 1980er-Jahre hinein lebte man hier auf schmalen Terrassengärten autark. Der inzwischen verlassene Ort wird heute touristisch genutzt. Man muss aber kein Extremkletterer sein, um dorthin zu gelangen: Besucher können nun in Habala ganz bequem mit einer Seilbahn einschweben.

Den südlichsten Punkt unserer Reise erreichen wir kaum eine halbe Stunde später im Al Yanfa Historical Village. Viele der wie Lebkuchenhäuschen aussehenden Gebäude sind unbewohnt und könnten eine Instandsetzung gut gebrauchen. Die bröckelnden Lehmfassaden werden in einer raffinierten, traditionell angewandten Bauweise umlaufend mit hervortretenden Steinreihen unterbrochen, an denen zum besseren Schutz Regenwasser ablaufen kann und Erosion verhindert werden soll.

Während man staunend durch die leeren Gassen streift, tritt aus einer kleinen Moschee plötzlich ein älterer Herr heraus, der einem den Weg weist: »Ihr müsst weiter nach hinten laufen, da sind schon viele Gebäude renoviert und wieder bewohnt«, rät er uns und erzählt, dass die Häuser von Yanfa etwa 500 Jahre alt und durch Wasserkanäle sowie durch unterirdische Gänge miteinander verbunden sind. Die Verteilung des Quellwassers sei streng geregelt, weil damit in der Umgebung reichlich Obst, Gemüse und Getreide gedeihen könne, sagt der Mann und pflückt einem wie zum Beweis eine Feige vom Kakteenbaum. Noch ehe man sie kosten und sich bei dem freundlichen Herrn bedanken kann, ist er bereits wieder so plötzlich im Gewirr der Gassen verschwunden wie er zuvor aus der Moschee aufgetaucht war.

DAS MARMOR-DORF

Noch wirkt Thee Ain gespenstisch verlassen. Aber das wird sich bald ändern.

Eine dichte, von einer Quelle gespeiste Vegetation umgibt das Dorf, das gegen Ende des 10. Jahrhunderts an der Pilgerroute von Jemen nach Mekka errichtet wurde. Längst haben die letzten Bewohner den Ort auf dem Gipfel eines schroffen Marmorhügels verlassen, um in modernere Städte in der Umgebung zu ziehen. Doch nun wird es für touristische Zwecke restauriert, Geschäfte, Restaurants und Unterkünfte sollen es zukünftig beleben.

Bis es soweit ist, kann man die etwa 30 aus dem Vulkangestein der Gegend erbauten Häuser aber auch gut auf eigene Faust erkunden. Diese wurden so auf den Hügel gebaut, dass von der Ferne der Eindruck einer in sich geschlossenen Festung entsteht.

Am schönsten ist es hier, wenn sich die Abenddämmerung langsam über das Tal senkt und die Lichter des Dorfes den Hügel zum Leuchten bringen ...

ĞIDDA (JEDDAH)
MAKKA (MEKKA)
AṬ-ṬĀ'IF
Ğabal Ṭuwaiq
ar-Rub' al-Ḫālī
Ğabal al-Wağīd
Šaqqat al-Ḫarīṭa
AL-YAMAN (YEMEN)
Ḥarrat al-Buqūm
Tihāmat aš-Šām
al-Bāḥa
Sabt al-'Ulyā
Abhā
Ḫamīs Mušaiṭ
Nağrān
Ğīzān (Jizan)
Bīša
Ranya (ar-Rawḍah)
Turaba
Ğazā'ir Farasān
Wādī Bīša
Wādī Ranya
Wādī Tatlīt
Wādī Ḥabauna
Wādī Nağrān
Wādī Lağab
Ḥimā
1
2
3
4
5
6
7
8
Maßstab 1:3.000.000
0
80 km

WILDES LAND

Die Provinz Asir ist ein touristisch noch weitgehend unbekanntes, aber nicht weniger reizvolles Ziel im Königreich. Ihre Abgeschiedenheit und ihre Nähe zu Jemen hat eine ganz eigene Kultur entstehen lassen. Dazu gehören auch Blumenkränze tragende Männer und Frauen, die ihre Wohnungen im Al-Qatt Al-Asiri-Stil bemalen.

Fatima Museum in Abhā: Dreiecke symbolisieren im Al-Qatt Al-Asiri-Kunststil die Einheit der Familie, konzentrische Quadrate stehen für den Koran.

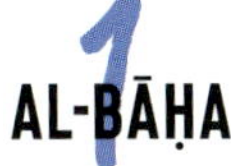

AL-BĀḤA

Mehr als 40 Wälder sorgen rund um al-Bāha (45 000 Einw.) für ein angenehmes Klima und machen die Region zu einer der grünsten des ganzen Landes. Wegen seiner Naturschönheit wird al-Bāha auch der »Garten von Hedschas« genannt.

SEHENSWERT

Mit einer Fläche von ca. 600 000 m² ist der rund 6 km westl. von al-Bāha gelegene **Raghadan Forest Park** einer der größten Wälder der Region, mehr als 90 Prozent sind Wacholderbüsche. Im touristischen Ausflugswald gibt es ausgewiesene Wanderwege und Freizeitplätze mit Toilettenanlagen. **Thee Ain** (auch Zee Ain oder Dhee Ain, s. Special S. 87) ist ein fast märchenhaft wirkendes, derzeit noch unbewohntes, aber bereits restauriertes historisches Bergdorf, 28 km südl. von al-Bāha (Visitor Center: Sa.–Mo. u. Mi.–Do. 10.00 bis 18.00, Fr. ab 13.00 Uhr)

HOTEL/RESTAURANT

€€ Cloud City Hotel

Die Hotelauswahl in der Region ist nicht sehr groß, aber im Cloud City wohnt man in modern-ansprechendem Ambiente (King Abdul Aziz Road, cloudcity.com-hotel.website).

€€ Hashi Basha

Wer gerne mal Kamelfleisch wie »Kabsa Hashi« probieren möchte, ist hier richtig (Al-baher 65525, hashibasha.com/en/).

INFORMATION

visitsaudi.com/de/see-do/destinations/al-baha

ABHĀ

Die abgelegene Asir-Region fiel erst im Jahr 1934 an Saudi-Arabien. Zuvor hatten sich überlappende Gebietsansprüche zum Saudi-Jemenitischen Krieg geführt. Die Hauptstadt der Asir-Provinz, Abhā (334 290 Einw.) liegt in 2200 m auf einer Hochebene am westl. Rand des Hedschas-Gebirges. In unmittelbarer Nähe befinden sich die höchsten Berge des Landes: der Jabal Ferwa und der Jabal Soudah (s. Tipp, linke Spalte). Wegen der Höhenlage oft in Wolken gehüllt, nennt man Abhā auch »die Nebelstadt«.

SEHENSWERT/MUSEUM

Der im Jahr 1820 erbaute **Shadda-Palast** (King Khalid Bin Abdul Aziz St.) war einst der Regierungspalast von Abhā. Das Lehmgebäude beherbergt einige interessante Artefakte und ist heute Museum (nur von außen zu besichtigen). Zum nachts in Neongrün beleuchteten Stadthügel von **Jabal Al Akhdar**, auch »grüner Berg« genannt, führt eine nur 1 km lange Seilbahn vom New Abha Resort aus; saisonbedingt nur im Sommer (Mai–Okt.) im Einsatz. In der **High City** am südl. Stadtrand gibt es auf 26 000 m² eine Reihe lokaler und internationaler Cafés, Restaurants und Resorts.

Am südöstl. Stadtrand liegt das **Fatima Museum** (tgl. 11.00–20.00 Uhr, King Abdullah Rd), wo dem außergewöhnlichen Kunststil des Al-Qatt Al-Asiri eine eigene Ausstel-

IN HIMMLISCHER HÖHE

Im Asir-Gebirge konkurrieren der Jabal Ferwa (3001,8 m) und der Jabal Soudah (2998,7 m) darum, wer der höchste Berg des Landes ist und die Dreitausendermarke nun tatsächlich überschreitet. Lange galt der Jabal Soudah als der höhere, was neuere Messungen zu widerlegen scheinen. Auf ihn führt eine Straße, vorbei an schönen Dörfern wie Rijal Almaa. In einer Gegend mit fast täglich Regen ist der Jabal Soudah mit Bäumen und Büschen bedeckt.

Der nur ca. 100 km südöstl gelegene Jabal Ferwa weist hingegen eine völlig andere Vegetation mit sehr spärlichem Bewuchs auf, denn er liegt bereits in einem Wüstengebiet und ist nur zu Fuß zu erreichen.

Rijal Almaa ist ein Dorf mit ca. 60 mehrstöckigen, aus Stein, Holz und Lehm erbauten Häusern.

lung gewidmet wird: Dieser Stil wurde ursprünglich von einheimischen Frauen entwickelt, die damit die Innenräume der Wohnungen gestalteten. Heute werden auch Kleidung, Accessoires und Möbel in diesem Stil verziert.

UMGEBUNG

Die Abu Sarrah Historical Palaces befinden sich im Dorf **Al-Aziza** in Soudah, 16 km westl. von Abhā. Die drei in den Jahren 1252 v. Chr. bis 1836 n. Chr. erbauten Paläste gehören zu den bedeutendsten historischen Lehmbauten in Abhā. Im Inneren des Hauptpalastes kann man auf sechs Stockwerken an den Wänden Bemalungen im Al-Qatt Al-Asiri-Stil sehen.

Das historische Dorf von **Habala**, 60 km südöstl von Abhā, wurde direkt in einer Felsenklippe errichtet und heißt deshalb auch »das hängende Dorf«. Vor mehr als 400 Jahren wurde es von Blumenmännern des Khatani-Stamms erbaut und war nur über Strickleitern, genannt »Habals«, erreichbar. Heute wird das Dorf nur mehr zu touristischen Zwecken mit Café/Restaurant genutzt – eine Seilbahn, die nur im Sommer betrieben wird (Mai bis Okt.), macht es möglich.

Das **Al Yanfa Historical Village**, 21 km südwestl. von Habala, ist noch bewohnt und hat historische Lehmhäuser, die aktuell renoviert werden. Eine Besonderheit sind die um die Fassaden laufenden Steinreihen, welche die Häuser vor Erosion und Regenwasser schützen sollen. Das Dorf wird von Wasserkanälen und unterirdischen Gängen durchzogen, weshalb man in der Umgebung sehr fruchtbares Land vorfindet.

HOTEL/RESTAURANT

€€€ Best Western Plus Danat Almansak
Das modern nach westlichen Standards ausgestattete Hotel liegt in der Nähe von zahlreichen Geschäften und Freizeitmöglichkeiten; in die Altstadt von Abhā sind es 5 km (King Fahd Road, Al Areen Street, bestwestern.com).

€€–€€€ Jorry Elite
Von diesem wie ein Schweizer Landschloss aussehenden Gebäude hat man eine gute Aussicht auf Abhā und die Wahl zwischen drei Restaurants mit libanesischer, italienischer oder internationaler Küche (King Abdul Aziz Rd, Al Shifa, jorryelite.com).

INFORMATION

visitsaudi.com/de/see-do/destinations/abha

RIJAL ALMAA

Rijal Almaa war einst ein natürlicher Korridor, der von Pilgern aus dem Jemen und der Levante nach Mekka und Medina genutzt wurde, wodurch der Ort zu einem regionalen Handelszentrum wurde.

SEHENSWERT/MUSEEN

Vom hoch gelegenen Abhā (2270 m) muss man erst wieder hinunter ins 45 km entfernte Rijal Almaa. Die Bergstraße (Nr. 2442), **Aqabat al Sama Road**, nennen Einheimische wegen ihrer vielen extremen Kurven auch **Devil Road – Teufelsstraße**. Am **Al Soudah 360° Viewing Point** hat man einen fantastischen Ausblick ins tiefe Tal mit all seinen Serpentinen und auf den Jabal Al Soudah, mit ca. 3000 m Höhe einer der höchsten Berge des Landes (s. Tipp auf der vorherigen Seite). In Rijal Almaa selbst gibt es ca. 60 Häuser aus dunklem Naturstein mit bis zu acht Stockwerken. Am Hauptplatz des Ortes, der wie ein Amphitheater aufgebaut ist, schmiegen sich diese Hochhäuser im Halbrund in die Bergwand. Eines davon ist das **Old Heritage Village Museum** mit Artefakten zur regionalen Geschichte; die Innenräume wurden in dem bunten Kunststil des Al-Qatt Al-Asiri ausgemalt.

INFORMATION

visitsaudi.com/de/destinations/aseer/attractions/rijal-almaa-of-aseer

4–6 RUND UM DSCHAIZAN (ĞĀZĀN)

Von der historischen Stadtfestung mit Palmendach überblickt man die Hafenstadt 4 **Dschaizan** (174 000 Einw.). Die Hauptstadt der gleichnamigen Provinz (auch: Jazan oder Jizan geschrieben), die direkt an Jemen grenzt, ist der perfekte Ausgangspunkt zu den 5 **Farasan-Inseln** (s. »Ja, natürlich«, rechte Seite).

SEHENSWERT

Hauptattraktion ist die vielfältige **Unterwasser- und Mangrovenwelt**. Auf der größten Insel, **al-Kabir** (12 000 Einw.), belegen Inschriften, dass sich hier schon zu römischen Zeiten eine Garnison befand. Erkunden lassen sich die Festung **Qal'at al-Atrak**, das verlassene Sandsteindorf **Al-Qassar** und das **Al-Refai-Haus**, das vor 100 Jahren einem reichen Perlenhändler gehörte.

Das ca. 5 km lange 6 **Wadi Lajab**, 128 km nördl. von Dschaizan, liegt tief eingebettet im Sarawat-Massiv zwischen steilen Bergflanken, die mit dichtem Moos bewachsen sind, wodurch sie wie ein hängender Garten aussehen. Wasserfälle bilden mehrere Pools. »Himmel in der Wüste« nennen Einheimische das Wadi deshalb auch, ein zauberhafter Ort für Wanderungen und Trekking.

HOTEL/RESTAURANT

€€ Novotel Jazan
Das zum Accor-Konzern gehörende Hotel mit Meerblick und Swimmingpool bietet modern ausgestattete Zimmer, ein italienisches Lokal und ein Fischrestaurant (King Fahd Bin Abdul Aziz Road, South Corniche, Gizan City, all.accor.com).

INFORMATION

visitsaudi.com/en/destinations/jazan

7-8 NADSCHRAN, HIMA

7 **Nadschran** (382 000 Einw.), die Hauptstadt der gleichnamigen Provinz, liegt direkt an der Grenze zu Jemen und wurde im Jahr 1934 von Saudi-Arabien annektiert. Die Mehrheit der Einwohner sind Ismailiten, was in der Vergangenheit häufiger zu Spannungen mit der saudischen Regierung geführt hat. Der erst 1944 als Gouverneurssitz erbaute Emirate Palace ist heute Museum (King Abdul Aziz Road, tgl. 9.00–12.00 u. 16.00–18.00 Uhr). Es repräsentiert die charakteristische Architektur der Region aus gestampften Lehmziegeln, Stroh und Holz. Kanten sowie Fenster- und Türöffnungen sind zum besseren Schutz mit weißem Material ummantelt, was den Gebäuden das Aussehen von Lebkuchenhäusern mit Zuckerguss verleiht.

Das 8 **Hima-Gebiet**, 200 km nördl. von Nadschran, ist ein UNESCO-Welterbe und birgt Felsgravuren, die zwischen 7000 und 1000 v. Chr. entstanden sind.

HOTELS/RESTAURANTS

€–€€ Park Inn

Das zu den Radisson-Hotels gehörende Haus verfügt über moderne Zimmer und ein Restaurant mit internationaler Küche sowie zwei getrennte Swimmingpools für Männer und Frauen (King Saud Road, radissonhotels.com).

INFORMATION, SICHERHEITSLAGE

visitsaudi.com/en/see-do/destinations/najran

Über die aktuelle Sicherheitslage in grenznahen Gebieten zu Jemen informiert: auswaertiges-amt.de/de/service/laender/saudiarabien-node/saudiarabiensicherheit/202298

Die meisten Inseln der Farasan-Gruppe im Roten Meer sind unbewohnt.

DIE MALEDIVEN VON SAUDI-ARABIEN

Die Farasan-Inseln in der Dschaizan-Region im äußersten Südwesten sind eine der größten Inselgruppen im Roten Meer; einige Eilande gehören aber bereits zum Jemen. Nur wenige Inseln werden ganzjährig bewohnt, wovon die größte, Farasan al-Kabir, etwa 12 000 Einwohner zählt.

Eine kleine weiße Sandbank im türkisfarbenen Meer für ein Picknick oder eine Schnorchelrunde zwischen Walhaien, Dugongs, Mantarochen oder Meeresschildkröten: Auf den bislang weitgehend unberührten Farasan-Inseln hat man solche Erlebnisse zurzeit noch für sich alleine. In Mangrovenwäldern findet eine Vielzahl an Vogelarten ihre Brutgebiete, die seltenen Insel-Gazellen bekommt man jedoch nur ab und an zu Gesicht. Dieser Archipel mit seiner einzigartigen Artenvielfalt ist seit 1996 ein ausgewiesenes Naturschutzgebiet.

Die Farasan-Inseln sind ein von der UNESCO auch als Biosphärenreservat gelisteter Schutzraum für viele Tiere – darunter Flamingos und Pelikane.

Die Insulaner leben vom Fischfang, bei dem sich jedes Jahr ein lokales Phänomen ereignet. Von Mitte April bis Mai wandern Schwärme von Papageienfischen auf dem Weg zu ihren Laichgebieten durchs Rote Meer und passieren dabei die Farasan-Inseln. Sobald sie zwischen den beiden größten Inseln Farasan und Saqid schwimmen, geraten einige Fische jedoch in eine von Natur aus halb geschlossene Bucht, aus der sie nicht mehr entkommen können und von Einheimischen für das Harid-Fischfestival gefangen werden.

Anfahrt: Zwei Fähren verkehren tgl. zwischen Dschaizan und Farasan, jeweils um 7.30 und 15.30 Uhr, Fahrzeit ca. 1 Std., Auto-Mitnahme möglich.

Unternehmungen: Verschiedene Tauchshops in Dschaizan bieten Guides und Equipment, da es auf den Inseln selbst keine Tauchzentren gibt.

Unterkunft: Auf den Inseln findet man nur einfache Hotels oder Möglichkeiten zum Campen. Komfortabler wohnt man auf dem Festland in Dschaizan, von wo aus sich Tagesausflüge zu den Inseln unternehmen lassen.

HILFREICH & NÜTZLICH

Keine Reise ohne Planung. Auf den folgenden Seiten haben wir Interessantes und Wissenswertes für Ihren Aufenthalt in Saudi-Arabien zusammengestellt.

Bahnhof in Riad: Das saudische Schienennetz verfügt über hochmoderne Züge.

VORAB-INFORMATIONEN

Saudi-Arabien ist ein sicheres Reiseland. Vor dem Reiseantritt sollte man sich aber in jedem Fall über die unbedingt einzuhaltenden **Reise- und Sicherheitshinweise des Auswärtigen Amtes** (auswaertiges-amt.de/de/service/laender/saudiarabien-node/saudiarabiensicherheit/202298) informieren. Wer das Land ganz entspannt erleben will, der begibt sich am besten in die Hände eines Spezialreiseveranstalters. Darüber hinaus gilt es in Saudi-Arabien auch noch **spezielle Regeln** zu beachten:

- Das strenge Strafrecht der Scharia gilt auch für Besucher.
- Freizügige und körperbetonte Kleidung ist nicht erlaubt. Frauen müssen sich aber nicht mehr verschleiern. Männer tragen am besten lange Hosen und Hemden.
- Frauen dürfen nicht öffentlich baden, Ausnahmen sind Pools in Touristenhotels, sofern sie nicht einsehbar und zu speziellen Zeiten nur von Frauen buchbar sind. Hinzu kommen sogenannte Private Beach Clubs am Roten Meer.
- Alkohol ist verboten, auch in den Hotels.
- Homosexuelle Handlungen in der Öffentlichkeit sind verboten.
- Glücksspiele, Kartenspiele und Brettspiele sind nicht erlaubt.
- Fotografieren ist meist mit Mobiltelefonen möglich. Für manche Viertel und Events braucht man für eine auffällige Spiegelreflexkamera eine Genehmigung. Bitte informieren Sie sich vorab auf der entsprechenden Website. Problematisch sind Aufnahmen von Frauen und Fotos von öffentlichen Gebäuden.
- Der Besuch der heiligen Stätte Mekka ist für Nichtmuslime verboten, ebenso der Zutritt zu vielen Moscheen.
- Während der Fastenzeit Ramadan sollte man tagsüber aufs Rauchen, Essen und Trinken in der Öffentlichkeit verzichten.
- Vorsichtshalber sollte man keine christlichen Symbole tragen, die möglicherweise Anstoß erregen könnten.

AN- UND EINREISE

Nonstop-Flüge gibt es mit Lufthansa oder Saudi Arabian Airlines von Frankfurt/Main oder München nach Riad oder Dschidda. Eurowings soll ab Winter 2024 ab Köln und die saudische Billigfluglinie Flynas ab Herbst 2024 ab Berlin fliegen. Ab Zürich bedient Saudi Arabian Airlines nonstop Riad, ab Wien Wizz Air Dschidda, jeweils nonstop. Umsteigeverbindungen gibt es mehrfach. Die reine Flugzeit ab Mitteleuropa beträgt knapp 6 Std.

Zur Einreise ist ein Visum nötig: das Vorab-Visum zur Mehrfacheinreise mit einem Jahr Gültigkeit und einem Aufenthalt von bis zu 90 Tagen (395 SAR ca. 97 €; visa.visitsaudi.com) oder das Visum bei Ankunft zum gleichen Preis.

Impfungen sind bei direkter Einreise aus Deutschland nicht vorgeschrieben.

Zeitunterschied: + 1 Std. zur Sommerzeit, + 2 Std. im Winter

AUSKUNFT

Internationales Touristeninformationsbüro: Tel. +966 920 00 08 90, visitsaudi.com/de. Lokale Infobroschüren zu Sehenswürdigkeiten und Events gibt es in vielen Hotels und an Flughäfen, Tourismusämter mit Publikumsverkehr existieren nicht.

Die Vertretungen der Bundesrepublik Deutschland: Deutsche Botschaft, Diplomatic Quarter, Riad, Tel. +966 112 77 69 00, riad.diplo.de. Generalkonsulat der Bundes-

Willkommen in der Wüste: ein Falkner bei Riad.

republik Deutschland, Buildung No. 60, Marwan bin Abdulrahman Street 152, Al Muhammadeyyah District 5, Jeddah, Tel. +966 12 699 64 36, djidda.diplo.de
Informationen zur aktuellen Sicherheitslage: s. Reise und Sicherheitshinweise des Auswärtigen Amtes, linke Seite.

ELEKTRIZITÄT

Notwendig ist ein Adapter mit dreipoligem englischen Stecker. Dazu noch ein Mehrfachstecker, mit dem man Handy und evtl. Kamera-Akku gleichzeitig laden kann.

FEIERTAGE UND FESTE

Saudi-Arabien begeht nur vier Feiertage: Gründungstag (22. Feb.), Nationalfeiertag (23. Sept.), Eid Al Fitr (Ende des Ramadan) und Eid Al Adha (Islamisches Opferfest, beide variabel). In den Wintermonaten, wenn es zwischen Oktober und März kühler ist, finden die meisten Outdoorfeste statt (Riyadh-Season, AlUla Arts Festival & Desert X, Pferderennen und Kamelfestivals).

HOTELS

Nichtraucher und weibliche Poolfans sollten bei der Zimmerwahl vorher im Hotel nachfragen. Nicht alle Zimmer in den Hotels sind rauchfrei, für Frauen gilt in der Regel: Schwimmen in der Öffentlichkeit verboten (siehe Vorab-Informationen).
Empfohlene Hoteladressen: Siehe die Infoseiten der vorangegangenen Kapitel.

PREISKATEGORIEN

€€€€	Doppelzimmer	über 300 €
€€€	Doppelzimmer	200 - 300 €
€€	Doppelzimmer	100 - 200 €
€	Doppelzimmer	bis 100 €

NOTFALLNUMMERN

Polizei: 999
Krankenwagen: 997
Verkehrsunfall: 993
Küstenwache: 994
Tourismuszentrale: 930

ÖFFNUNGSZEITEN

In der Regel So.–Do. 9.00–13.00, 16.30 bis 20.00 (Ramadan 20.00–1.00 Uhr), mit regionalen Unterschieden. Shoppingcenter haben zuweilen tägl. bis 1 Uhr geöffnet. Viele Öffnungszeiten richten sich nach den vorgegebenen Gebetszeiten, zu denen Läden

Luxus-Klasse: Im Hotel Ritz Carlton in Riad fühlt man sich wie in einem Palast.

DATEN & FAKTEN

Einwohner: Saudi-Arabien hat rund 36,5 Mio. Einwohner; davon ist gut die Hälfte jünger als 30 Jahre, 12 Mio. sind Ausländer. Aus Indien, Indonesien, Pakistan und Bangladesch kommen die meisten Gastarbeiter. Die größten Städte sind Riad (7,7 Mio.), Dschidda (4,8 Mio.), Mekka (2,1 Mio.), Medina, Dammam (je 1,4 Mio.).
Religion: Der Anteil der Muslime liegt bei mehr als 90 %, etwas mehr als 3 % sind Christen. Saudi-Arabien gilt als besonders strenggläubig. Staatsreligion ist der Wahhabismus – eine puristisch-traditionalistische Richtung des sunnitischen Islam. Das öffentliche Praktizieren anderer Religionen oder Sekten ist verboten und wird von der Religionspolizei geahndet.
Politik: Absolute Monarchie; König ist Salman bin Abdul Asis Al Saud. Die operativen Geschäfte des Landes führt Kronprinz Mohammed bin Salman Abdul Asis Al Saud, genannt MbS. Es gibt kein gewähltes Parlament. Schlüsselressorts wie Inneres, Verteidigung und Äußeres sind von Mitgliedern der Familie besetzt. Alle Gesetze des Landes müssen mit dem islamischen Recht der Scharia in Einklang stehen. So können Mörder, Homosexuelle, Ehebrecher und Gotteslästerer zum Tode verurteilt werden.
Wirtschaft: Das Brutto-Inlandsprodukt lag 2023 bei 58 736 $ pro Kopf (Deutschland: 52 684 $). Als reichster arabischer Staat verfügt Saudi-Arabien über die zweitgrößten Erdölreserven der Erde (nach Venezuela). Der Staatsfonds des Landes, Public Investment Fund, verwaltet 700 Milliarden US-Dollar. Saudi-Arabien hat verfügt, dass Firmen, die sich im Königreich engagieren, von 2024 an dort auch ihren regionalen Sitz haben müssen. Der Tourismus soll mit vielen Petro-Dollars aufgebaut werden. Dubai gilt offensichtlich als Vorbild. 2023 waren 100 Mio. Touristen im Land, davon 27 Mio. aus dem Ausland.
Geografie: Die Arabische Halbinsel ist zu ca. 80 % saudi-arabisches Staatsgebiet, das sechsmal so groß wie Deutschland, aber in weiten Teilen unbewohnt ist. Aus dem ausgedehnten Hochland, überwiegend aus einer weiten Sandwüste bestehend, ragen im Südwesten die höchsten Gipfel des Landes empor, so der Jabal Sawda und der Jabal Ferwa mit um die 3000 m Höhe. Das »Leere Viertel« (Rub al-Chali), die größte Sandwüste der Erde, erstreckt sich über den gesamten Süden des Landes. Das im Westen der Rub al-Chali gelegene, 12 765 km² große Wildreservat 'Uruq Bani Ma'arid wurde im Jahr 2023 zum UNESCO-Weltnaturerbe ernannt. Eingerahmt wird die Arabische Halbinsel vom Roten Meer im Westen, dem Persischen Golf im Osten und dem Arabischen Meer (Indischen Ozean) im Süden.

GESCHICHTE

Um 570: Geburt Mohammeds in Mekka. Von hier aus einigt der Religionsstifter des Islam Arabien. Das arabische Weltreich entsteht.
622: Prophet Mohammed geht nach Medina. Beginn der islamischen Zeitrechnung.
1744: Die Wahhabiten Mohammed ibn Saud und Mohammed ibn Abd al-Wahhab gründen den ersten Saudi-Staat.
1902: Abdul Asis ibn Saud erobert Riad (Najd).
1917: Hussein, Scharif von Mekka, gründet das Königreich Hedschas.
1921, 1926: Ibn Saud erobert 1921 Hedschas und wird 1926 König von Najd und Hedschas.
1932: Staatgründung des Landes: Am 23. Sept. werden Najd und Hedschas zu Saudi-Arabien unter König Abdul Asis ibn Saud.
1938: Entlang der Küste des Persischen Golfs werden reiche Ölvorkommen entdeckt und von der früheren US-Firma Aramco gefördert.
1942: Militärabkommen mit Großbritannien und den USA
1953, 1964: Nach dem Tod von König Abdul Asis ibn Saud 1953 wird Saud bin Abdulaziz neuer König und 1964 von Faisal bin Abdulaziz gestürzt.
1967: Erdölembargo gegen westliche Industrieländer wegen des israelisch-arabischen Sechstagekriegs.
1973: Erdölembargo wegen des Jom-Kippur-Kriegs.
1975: König Faisal wird ermordet. Sein Nachfolger ist Khalid, der die Bindung an die USA verstärkt.
1979: Wende zur streng konservativen Glaubensauslegung und Abschottung des Landes, als religiöse Fundamentalisten Mekka besetzen.
1982: König Khalid stirbt. Auch sein Nachfolger Fahd unterhält enge Beziehungen zu den USA. Saudi-Arabien unterstützt den Kampf der Mudschaheddin gegen die Sowjetunion in Afghanistan.
1990: Nach der Irak-Invasion in Kuwait stimmt König Fahd der Stationierung von US-Truppen in Saudi-Arabien zu. Es folgen Al-Qaida-Anschläge.
2001: Personalausweise für Frauen
2005: Tod von König Fahd. Nachfolger wird der Halbbruder Abdullah bin Abdul Asis Al Saud.
2015: Nach dem Tod Abdullahs wird sein Bruder Salman bin Abdul Asis Al Saud König.
2016: Mitte des Jahres wird die »Saudi Vision 2030« veröffentlicht, ein ambitioniertes Regierungsprogramm zur Modernisierung des Landes, das nach Einschätzung des Auswärtigen Amts auch gute Voraussetzungen für einen weiteren Ausbau der deutsch-saudischen Wirtschaftskooperation bietet. Zu den Hauptzielen des Programms gehören ebenfalls nach Angaben des Auswärtigen Amts eine Forcierung der Diversifizierung der Wirtschaft, eine Reform des Bildungssystems, die Förderung von kleinen und mittleren Unternehmen, die verstärkte Integration von Frauen in den Arbeitsmarkt, die Verdoppelung der Anzahl der Umrah-Pilger sowie die Entwicklung eines allgemeinen Tourismus, des Kulturbetriebs und des Bergbaus.
2017: Ernennung von Mohammed bin Salman (MbS) zum Kronprinzen des Landes.
2018: Frauen müssen in der Öffentlichkeit keine Abaya mehr tragen. Auch das PKW-Fahrverbot für Frauen wird aufgehoben. Verhaftungswelle gegen fast 400 Angehörige der Elite aus Politik und Wirtschaft wegen Korruption. Ermordung des Journalisten und Regimekritikers Jamal Khashoggi im saudischen Konsulat in Istanbul.
2019: Die Einreisebestimmungen für ausländische Touristen aus 49 Staaten, darunter Deutschland, Österreich und die Schweiz, werden durch ein elektronisches Visabeantragungsverfahren liberalisiert. Für saudische Frauen wird die Reisefreiheit eingeführt.
2022: Ernennung von Mohammed bin Salman (MbS) zum Premierminister. Er gilt als De-facto-Herrscher des Landes.
2023: Iran und Saudi-Arabien kündigen nach langer Feindschaft die Wiederaufnahme diplomatischer Beziehungen an.
2030: Expo 2030 – vom 1. Oktober 2030 bis zum 31. März 2031 soll die Weltausstellung in Riad stattfinden.

Links: Das Ushaiger Heritage Village ist eines der ältesten der Region.

für 15–30 Min. geschlossen werden. Die Gebetszeiten sind flexibel, weil sie nach Standort, Sonnenauf- und Sonnenuntergangszeiten berechnet werden.

REISEZEIT

Beste Reisezeit ist der Winter von Oktober bis April mit 25 bis 30 °C. Im Sommer wird es 40, bisweilen bis zu 50 °C heiß. Das ganze Jahr über gibt es kaum Regen.

RESTAURANTS

Nur in seltenen Fällen gibt es in saudischen Restaurants ausgedruckte Speisekarten. Meistens scannt man einen QR-Code. **Empfohlene Restaurantadressen:** Siehe die Infoseiten der vorangegangenen Kapitel.

PREISKATEGORIEN

€€€€	Hauptgerichte	über 30 €
€€€	Hauptgerichte	20 – 30 €
€€	Hauptgerichte	10 – 20 €
€	Hauptgerichte	unter 10 €

TELEFONIEREN/INTERNET

Ländercode für Saudi-Arabien: +966. Es gibt drei große Mobilfunkanbieter, ratsamer ist es aber, sich schon zu Hause bei seinem Mobilfunkanbieter für die Zeit des Aufenthalts einen Weltweit-Tarif dazuzubuchen.
Soziale Medien: werden streng überwacht. »Auch das einfache Weiterleiten von Nachrichten mit politischen Inhalten oder das Weiterverbreiten als kritisch empfundener Inhalte kann (auch bei Ausländern, Anm. d. Red.) zu Verhaftungen und hohen Freiheitsstrafen führen«, schreibt das Auswärtige Amt in seinen bereits mehrfach erwähnten Reise- und Sicherheitshinweisen.

VERKEHR

Autofahren: Um einen Mietwagen kommt man nicht herum, sogar innerhalb der Städte. Bürgersteige und Fußgängerzonen sucht man oft vergeblich. Die Entfernungen sind enorm, so fährt man z.B. von Dschidda nach AlUla 680 km weit. Gefahren wird rechts, die Straßen sind sehr gut, kostenlose Parkplätze findet man überall. Die jeweiligen Geschwindigkeitsbegrenzungen sollten eingehalten werden, sie werden streng kontrolliert. Einen Allradwagen braucht man außer in Wüstengebieten nicht – dort ist ein Guide ratsam! Ein Internationaler Führerschein ist notwendig.
Zugverbindungen: sar.com.sa
Inländische Flugverbindungen: flynas.com und saudia.com

Urlaub erinnern

Das Schönste am Reisen? Neben der Vorfreude und dem Unterwegssein sind es vor allem die Erinnerungen an eine wunderbare Zeit, die wir mit nach Hause nehmen.

WOHLRIECHENDE BLUMENKRÄNZE

Die typische Kopfbedeckung saudi-arabischer Männer ist eigentlich die Kūfīya (auch Ghutra, Ġutra oder Hatta), ein weiß-rot kariertes Tuch. Wenn hingegen im bergigen Süden des Landes Männer nach altem Stammesbrauch bunte Blumenkränze samt wohlriechenden Kräutern auf dem Kopf tragen, fühlt man sich dank dieser Tayeb-Kränze fast schon in die Südsee versetzt.

DIE MILCH MACHT'S

Wussten Sie, dass Kamelmilchseife zur Behandlung bestimmter Hautirritationen verwendet werden kann? Außerdem hilft sie bestens, wenn die Haut so trocken wie die Wüste ist. Man bekommt sie auf Bauernmärkten oder auch noch beim Abflug im Duty-free-Shop des Flughafens.

SCHLÜSSELANHÄNGER

Ein Gaitan ist eine Art Kordel mit Zierkugel, gefertigt aus 24-karätigen Goldfäden, womit der sogenannte Bisht, ein muslimischer Festtagsumhang mit besticktem Goldbesatz, zusammengehalten werden kann. Als schmucken Schlüsselanhänger für zu Hause kann man die Kordel etwa auf dem Alqaysarah Markt von al-Hasa erwerben.

GEWÜRZE VEREDELN JEDE SPEISE

Kardamom, Gewürznelken, Kreuzkümmel und Loomi (getrocknete Limetten) sind wunderbare Mitbringsel für einen selbst oder als Geschenk für Freunde. Mit ihnen lässt sich die traditionelle Küche Arabiens auch auf den heimischen Teller bringen. Halten Sie auch Ausschau nach dem Kabsa-Gewürz, mit dem man das nach ihm benannte Nationalgericht würzen kann.

MAGIE DER WÜSTE

Sand gibt es weltweit in Schneeweiß und Pechschwarz, leicht rosa und grünlich, in Baggerseebraun und Blassgrau. Der Sand aus dem »Leeren Viertel« Saudi-Arabiens changiert dagegen, je nach Lichtstimmung, zwischen ocker und backsteinfarben. Und ganz sicher ist ein bisschen Wüstensand die schönste Erinnerung an die Weite und Stille der Wüste.

»HUMOR UND GEDULD SIND DIE BEIDEN KAMELE, MIT DENEN MAN JEDE WÜSTE DURCHQUEREN KANN.«

Arabisches Sprichwort

RAUCHIG, HOLZIG, WARM

Das Oud-Parfüm, gefertigt aus dem seltenen und sehr wertvollen Adlerholz, bringt den Geruch Arabiens mit nach Hause und ist einer der exklusivsten Duftrohstoffe der Welt.

AUSSEN TROCKEN, INNEN SÜSS

Die Ajwa-Datteln – weit verbreitet und wegen ihrer religiösen Bedeutung sehr teuer – sind unverwechselbar im Geschmack: außen trocken, innen weich und süß. Muslime essen Ajwa-Datteln, die in Medina kultiviert werden, aber nicht nur deshalb, weil sie so süß und köstlich schmecken, sondern auch, weil sie ihnen heilende Eigenschaften zuschreiben.

KLEINE GLITZERWELT

In der Wüste von AlUla findet man Quarzsteine, die sowohl auf dem Boden verstreut als auch in den Felsen eingelassen sind. Es gibt sie in einer Vielzahl von Farben. Halten Sie doch mal einen solchen Quarzstein hoch zum Himmel, damit das Sonnenlicht durch den Stein hindurchscheint und dessen natürliche Farbtöne zu erkennen sind. Einige lokale Handwerker in Saudi-Arabien verarbeiten die glitzernden Steine zu Schmuckstücken.

GASTFREUNDLICH

Schon beim herzlichen Empfang der Gastgeberin, die uns mit duftenden Rauchschwaden aus dem Weihrauchbrenner erwartet, stellt sich eine ganz besondere Atmosphäre ein. Ob als Gast einer spontanen Esseneinladung oder bei einem gebuchten Event – die Gastfreundschaft der Saudis ist gelebte Tradition. Und ein unvergessliches Erlebnis!

REGISTER

Fette Ziffern verweisen auf Abbildungen

IMPRESSUM

1. Auflage 2025

Verlag: DuMont Reiseverlag, Postfach 3151, 73751 Ostfildern, Tel. 0711/4502-0, www.dumontreise.de
Geschäftsführer: Dr. Stephanie Mair-Huydts, Markus Schneider
Programmleitung: Andrea Wurth
Redaktion und Layout: Robert Fischer (www.vrb-muenchen.de)
Text: Margit Kohl
Exklusiv-Fotografie: Tom Schulze (Titelbild: Häuser in Dschidda)
Zusätzliches Bildmaterial: S. 39 (Special) mauritius images/Westend61/Michael Runkel, 46 mauritius images/Alamy Stock Photos/Michael Runkel, 47 mauritius images/Mint Images, 59 (Special) mauritius images/Alamy Stock Photos/Michal du Plessis, 66 Nujuma Arial Exterior © Red Sea Global, 76, 77 © NEOM
Grafische Konzeption: CYCLUS · Visuelle Kommunikation, Stuttgart
Kartografie: © MAIRDUMONT GmbH & Co. KG, Ostfildern
DuMont Bildarchiv: Marco-Polo-Straße 1, 73760 Ostfildern, bildarchiv@mairdumont.com

Anzeigenvermarktung: MAIRDUMONT MEDIA, Tel. 0711/4502-333, media@mairdumont.com http://media.mairdumont.com

Vertrieb Buchhandel und Einzelhefte: MAIRDUMONT GmbH & Co. KG, Marco-Polo-Straße 1, 73760 Ostfildern
Reproduktionen: PPP Pre Print Partner GmbH & Co. KG, Köln

Printed in Germany